MICHEL
FOUCAULT

O QUE É A CRÍTICA?

ubu

ORGANIZAÇÃO E ESTABELECIMENTO
HENRI-PAUL FRUCHAUD
DANIELE LORENZINI

INTRODUÇÃO E NOTAS
DANIELE LORENZINI
ARNOLD I. DAVIDSON

TRADUÇÃO
CLAUDIO MEDEIROS
IVAN DE SAMPAIO
JOÃO FRANCISCO GABRIEL
MARIO MARINO
RAFAEL FURTADO

FOUCAULT

O QUE É A CRÍTICA?

NOTA DA EDIÇÃO

Henri-Paul Fruchaud e Daniele Lorenzini

Esta edição reúne duas conferências de Michel Foucault:

- uma proferida em 27 de maio de 1978 na Sorbonne, dirigida à Sociedade Francesa de Filosofia, instituição que a publicou em 1990 com o título "Qu'est-ce que la critique? (Critique et *Aufklärung*)" [O que é a crítica? (Crítica e *Aufklärung*)];
- outra, em inglês, proferida em 12 de abril de 1983 na Universidade da Califórnia em Berkeley, com o título "La culture de soi" [A cultura de si]

Nos dias que se seguiram à segunda, Foucault participou de três sessões de debate, organizadas, respectivamente, pelos departamentos de Filosofia, História e Língua Francesa da Universidade da Califórnia; as duas primeiras foram realizadas em inglês, a última, em francês – os registros se encontram após o texto da conferência.

Cinco anos separam essas duas conferências, período no qual o pensamento foucaultiano sofreu mudanças importantes. Apesar disso, pareceu-nos interessante publicar os dois textos em conjunto, porque o próprio Foucault – que já havia feito isso alguns meses antes, no início de seu curso O Governo de Si e dos Outros no Collège de France – retoma o tema da *Aufklärung* na conferência de abril de 1983 por meio de uma longa elaboração que ecoa o discurso proferido em maio de 1978.

Os textos foram estabelecidos da seguinte maneira:

Para a conferência de 27 de maio de 1978, tomou-se como base a transcrição publicada no *Bulletin de la Société française de Philosophie* [Boletim da Sociedade Francesa de Filosofia], v. 84, n. 2, abr.–jun. 1990, pp. 35–63. A essa base foram acrescentadas algumas modificações que utilizaram como fonte dois documentos disponíveis na Biblioteca Nacional da França:

- o manuscrito da conferência, que inclui passagens não proferidas por Foucault;
- a primeira versão da transcrição, enviada a Foucault para fins de revisão (sem as correções feitas à mão pelo autor).

Para a conferência de 12 de abril de 1983 e dos três debates que a acompanharam, partiu-se dos registros guardados na Universidade da Califórnia em Berkeley e no IMEC [Institut Mémoires de l'Édition Contemporaine – Instituto Memórias da Edição Contemporânea], e contou-se com a assistência de Davey K. Tomlinson para realizar as transcrições em inglês. Também tivemos oportunidade de consultar o manuscrito da conferência na Biblioteca Nacional da França.

—

Os textos foram estabelecidos do modo mais literal possível. Quando nos pareceu necessário, nos limitamos a remover repetições ou, no caso dos debates em inglês, algumas hesitações de Foucault, momentos em que ele tem dificuldade de encontrar a palavra certa; também retificamos algumas formulações incorretas. Decidimos, por fim, nesses debates, resumir as perguntas e descartar interações que consideramos irrelevantes para o assunto abordado.

Agradecemos, em especial, à Biblioteca Nacional da França pelo precioso auxílio que nos foi dado, permitindo-nos consultar os documentos relativos a Foucault quando a coleção ainda não estava disponível ao público. Agradecemos, igualmente, à Sociedade Francesa de Filosofia por gentilmente permitir republicar a discussão que se segue à conferência de 27 de maio de 1978.

NOTA DA EDIÇÃO BRASILEIRA

Para garantir a fluência da leitura dos textos de Michel Foucault, em vez de trazer as variantes oriundas do manuscrito como notas de rodapé, conforme a edição original, optou-se por assinalá-las com [M] e incorporá-las ao corpo do texto: entre colchetes, para trechos curtos; e destacadas do texto, para trechos mais longos, sempre utilizando uma tipografia mais leve.

Já os ajustes e conjecturas de trechos inaudíveis ou ilegíveis inseridos pelos organizadores foram marcados entre colchetes com a tipografia em cinza.

Quanto às citações de obras de Foucault, sempre que possível, foram utilizadas as traduções consagradas em língua portuguesa, com a paginação indicada entre colchetes após a referência original. Ao fim do volume, encontra-se a lista de todas as abreviaturas utilizadas nesta edição, bem como a referência completa de cada obra citada.

INTRODUÇÃO

Daniele Lorenzini e Arnold I. Davidson

O pensamento de Michel Foucault atravessou uma série de transformações, mas com uma mesma voz, sempre reconhecível. O problema é, portanto, como apreender, de uma só vez, essas mudanças e essa voz filosófica tão singular. Cinco anos separam as duas conferências que integram o coração desta edição e que aparentemente são muito diferentes entre si. Há entre elas, no entanto, ao menos um ponto fundamental em comum, cujo valor e significado merecem ser explorados em detalhe, e que justifica uma primeira aproximação: a referência que Foucault faz ao texto de Kant "Was ist Aufklärung?",[1] tanto ao refletir sobre o âmbito do projeto crítico kantiano quanto ao redefini-lo radicalmente para retomá-lo como seu próprio.

Essa referência atravessa os textos e as intervenções de Foucault entre 1978 e 1984,[2] mas, na maior parte dos casos, aparece de forma discreta, espaçada, sem que nenhuma análise sistemática lhe seja consagrada. Isso com exceção de dois "momentos": em 1978, quando, após ter evocado o texto de Kant e a questão da *Aufklärung* na introdução à tradução para o inglês de *O normal e o patológico*, de Georges Canguilhem,[3] Foucault dedica-se demoradamente ao texto kantiano durante uma conferência à Sociedade Francesa de Filosofia, cuja edição crítica apresentamos aqui em primeira mão; e em 1983, quando Foucault dedica a esse texto, por um lado, a aula inaugural de seu curso O Governo de Si e dos Outros no Collège de France[4] – parte da qual será retomada

1 Immanuel Kant, "Resposta à pergunta: Que é 'Esclarecimento' ['Aufklärung']?" [1784], in E. Carneiro Leão (org.), *Immanuel Kant – textos seletos*, trad. Floriano de Sousa Fernandes. Petrópolis: Vozes, 1985, pp. 100–16.

2 Ver infra, pp. 42–43, nota 10.

3 Ver "Introduction par Michel Foucault" [1978], in DE II, n. 219 ["Introdução por Michel Foucault"].

4 GSA, pp. 8–38 [pp. 3–40].

e republicada sob forma de artigo em 1984[5] – e, por outro lado, um ensaio que aparecerá nos Estados Unidos também em 1984.[6] Ainda em 1983, no dia 12 de abril daquele ano, na Universidade da Califórnia em Berkeley, Foucault decide iniciar a conferência pronunciada como parte das "Regent's Lectures"[7] – que também publicamos aqui pela primeira vez – com uma breve discussão do texto de Kant sobre o Iluminismo, a fim de, conforme diz, "explicar por que me interesso pelo tema da 'cultura de si' enquanto questão filosófica e histórica".[8]

As duas conferências que apresentamos aqui, "O que é a crítica?" e "A cultura de si", constituem, portanto, dois "polos" através dos quais se torna possível interrogar a evolução do pensamento de Foucault entre 1978 e 1983. Pode-se refletir, então, sobre o que mudou em sua leitura de "Was ist Aufklärung?" (nas suas mãos, uma verdadeira caixa de ferramentas), mas também sobre os elementos de continuidade que levam Foucault a invariavelmente inscrever sua própria perspectiva histórico-filosófica, bem como seu trabalho presente e passado, na esteira da questão da "crítica". Segundo Foucault, tal questão, inaugurada por Kant em seu texto sobre o Iluminismo, não pode nem deve ser identificada com a célebre empresa crítica propriamente dita. A referência a Kant só se mantém decisiva para Foucault, e isso desde sua tese complementar sobre *Antropologia*,[9] porque Foucault lança luz sobre *um outro* Kant, ou ao menos sobre uma via "kantiana" alternativa àquela da *Crítica*, para retraçar a genealogia da sua própria prática filosófica.

5 "Qu'est-ce que les Lumières?" [1984], in DE II, n. 351.

6 "What is Enlightenment?" [1984], in DE II, n. 339 ["O que são as Luzes?"].

7 Série de aulas abertas promovidas pela Universidade da Califórnia, ministradas por intelectuais de destaque em diversas áreas do conhecimento. [N. E.]

8 Ver infra, p. 81.

9 I. Kant, *Antropologia de um ponto de vista pragmático* [1798], trad. Clélia Aparecida Martins. São Paulo: Iluminuras, 2006.

UM TÍTULO INDECENTE OU KANT *VERSUS* KANT

O ano de 1978 é crucial no percurso intelectual de Foucault. O curso no Collège de France Segurança, Território, População inaugura o tema da "governamentalidade",[10] que, sob a forma do problema do "governo de si e dos outros", será o coração das pesquisas foucaultianas até 1984. É nesse mesmo curso que, ao refazer a história da ideia de governo dos homens, Foucault se detém naquilo que denomina "poder pastoral" ao propor um estudo minucioso que culmina na análise de cinco "contracondutas" pastorais da Idade Média.[11] E é em janeiro de 1978[12] que, pela primeira vez, Foucault evoca e comenta (mesmo que brevemente) o texto de Kant sobre a *Aufklärung*: na introdução à tradução para o inglês do livro de Canguilhem *O normal e o patológico*, ao sublinhar a importância dessa obra para o pensamento francês do pós-guerra, Foucault se pergunta sobre as razões do profundo vínculo entre a reflexão que o livro propõe e o presente. Ele defende que a história das ciências, na França, foi o contexto no qual a questão do Iluminismo – isto é, a questão não apenas da natureza e do fundamento do pensamento racional, mas de sua história e geografia, de seu passado e atualidade – foi reativada como forma de examinar "uma razão cuja autonomia das estruturas traz consigo a história dos dogmatismos e dos despotismos".[13] Assim, é primeiramente para inscrever, nesse gênero de reflexão, o trabalho de Canguilhem que Foucault descreve o momento de inauguração, no fim do século XVIII, de um "jornalismo filosófico"[14] que, ao se propor analisar o "momento pre-

10 STP, p. 111 [p. 219].

11 Ibid., pp. 119–232 [pp. 255–304].

12 Ver Daniel Defert, "Chronologie", in DE I, p. 73 ["Cronologia", p. 50].

13 Michel Foucault, "Introduction", in Georges Canguilhem, *On the Normal and the Pathological* [1966], trad. Carolyn R. Fawcett. Dordrecht/Boston/London: D. Reidel Publishing Company, 1978, p. XII.

14 Esse tema – do "jornalismo filosófico" –, associado ao texto kantiano sobre o Iluminismo, retorna em artigo publicado em abril de 1979 (ver "Pour une morale de l'inconfort" [1979], in DE II, n. 266, p. 783 ["Para uma moral do desconforto", p. 279]); depois, porém, desaparece inteiramente, talvez por causa das controvérsias que se seguiram às reportagens sobre a Revolução Iraniana. Ver também infra, pp. 43–44, nota 12.

sente", forneceu à filosofia "toda uma dimensão histórico-crítica" da qual serão herdeiros Jean Cavaillès, Alexandre Koyré, Gaston Bachelard e Canguilhem (assim como os filósofos da Escola de Frankfurt).[15]

No início do mês de abril de 1978, Foucault viaja ao Japão para uma longa estada,[16] durante a qual oferece uma série de importantes conferências.[17] Logo depois de retornar à França, em 27 de maio de 1978, Foucault apresenta a conferência "O que é a crítica?" para a Sociedade Francesa de Filosofia. Muitas circunstâncias fazem dessa uma palestra inigualável na produção intelectual foucaultiana, a começar pelo título. Foucault inclusive pede desculpas por não ter encontrado um título para sua conferência e explica na sequência que gostaria de tratar sobre "O que é a crítica?" (daí o título escolhido em 1990, na ocasião de publicação do texto no *Bulletin de la Société française de Philosophie*). Contudo, confessa que tinha um título que o "assombrava", mas que, no fim das contas, ele não queria ou não ousou escolher porque teria sido "indecente".[18] Esse título indecente é, naturalmente, "O que é a *Aufklärung*?"[19] – título que, em 1984, Foucault não hesitará mais em utilizar. É legítimo, então, interrogar-se quanto às razões dessa hesitação, ou melhor, quanto ao "jogo" que Foucault propõe aos membros da Sociedade Francesa de Filosofia.[20]

Sem dúvida, isso tem relação com a *torção* que Foucault opera na questão kantiana da crítica (transcendental), ao deslocá-la em direção ao que ele chama "atitude crítica". De fato, segundo Foucault, se Kant abrigou a atitude crítica e a questão da *Aufklärung* na questão da crítica epistemológica transcendental,

---

15 "Introduction par Michel Foucault", op. cit., pp. 431–33 ["Introdução por Michel Foucault", pp. 427–29].

16 Ver D. Defert, "Chronologie", op. cit., p. 74 ["Cronologia", pp. 50–51].

17 Ver infra, p. 33, nota 1.

18 Infra, p. 34.

19 Infra, pp. 65.

20 Esse problema foi abordado por Frédéric Gros e Philippe Sabot em dois preciosos artigos: F. Gros, "Foucault et la leçon kantienne des Lumières". *Lumières*, n. 8, 2006, pp. 159–67; P. Sabot, "Ouverture: Critique, attitude, résistance", in É. Jolly e P. Sabot (orgs.), *Michel Foucault: À l'épreuve du pouvoir*. Villeneuve-d' Ascq: Presses universitaires du Septentrion, 2013, pp. 13–26.

seria preciso "tentar fazer agora o caminho inverso", colocando a questão do conhecimento em relação com a dominação a partir "de certa vontade decisória de não ser governado".[21] Em outros termos, assim como, em 1969, a questão aparentemente clássica "O que é um autor?" tinha sido o pretexto para operar um deslocamento (escandaloso) do autor-sujeito para a função-autor,[22] em 1978 a questão "O que é a crítica?" abre para Foucault a possibilidade de operar um outro deslocamento (indecente): a questão epistemológico-transcendental "O que eu posso conhecer?" torna-se aqui uma "questão de atitude"[23] – e a crítica é redefinida como "o movimento pelo qual o sujeito se dá o direito de interrogar a verdade sobre seus efeitos de poder e o poder sobre seus discursos de verdade", tendo como objetivo "o desassujeitamento no jogo [da] [...] política da verdade".[24] Ora, é sempre em Kant, mas em *um outro* Kant – o Kant de um texto "menor" e marginal como "Was ist Aufklärung?"[25] –, que Foucault encontra meios de operar esse deslocamento. Compreende-se talvez melhor, agora, o que um gesto como esse podia ter de indecente para uma assembleia de filósofos.

---

21 Ver infra, p. 65.

22 Ver "Qu'est-ce qu'un auteur?". *Bulletin de la Société Française de Philosophie*, ano 63, n. 3, jul.–set. 1969, pp. 73–104 (republicado in DE I, n. 69, ["O que é um autor?"]).

23 Infra, p. 65. Sabe-se muito bem que, na tradição ocidental, a questão epistemológica-transcendental é digna de tratamento filosófico; a atitude crítica, por outro lado, pode parecer mais um objeto sociológico, que não merece "visão altiva e profunda do filósofo". Ver "Nietzsche, la généalogie, l'histoire" [1971], in DE I, n. 84, p. 1004 ["Nietzsche, a genealogia e a história", p. 15].

24 Infra, p. 41.

25 Hoje em dia, corremos o risco de esquecer o fato de que esse texto de Kant era inteiramente desconhecido quando Foucault resolveu falar dele e de perder de vista, portanto, o valor subversivo de sua decisão, que visava abolir a tradicional distinção entre obras relevantes e irrelevantes. Sobre essa atitude filosófica, que Foucault partilha com Bachelard, ver "Piéger sa propre culture" [1972], in DE I, n. 111, p. 1250 ["Armadilhar sua própria cultura", p. 1].

A ARTE DE NÃO SER TÃO GOVERNADO

Convém perceber que não foi comentando o texto de Kant sobre o Iluminismo que, em 1978, Foucault propõe sua definição de atitude crítica. Razão pela qual é preciso resistir inteiramente à tentação de ler esta conferência à luz dos textos de 1983–84 – sob o risco de deixarmos escapar sua especificidade, que é, no mínimo, tripla.

Primeiramente, em vez de uma análise detalhada de "Was ist Aufklärung?", a conferência à Sociedade Francesa de Filosofia se apresenta sobretudo como um prolongamento das reflexões desenvolvidas por Foucault em seu curso, no Collège de France, Segurança, Território, População. Com efeito, Foucault se propõe a identificar a emergência de certa maneira de pensar, dizer e agir que se assemelha a uma virtude que ele denomina "atitude crítica". Essa emergência está ligada, para ele, a um fenômeno histórico específico do Ocidente moderno, que é a multiplicação das artes de governar os homens a partir dos séculos XV e XVI – um fenômeno que dá testemunho da expansão, na sociedade civil, de uma forma de poder que tinha sido desenvolvida pela Igreja católica em sua atividade "pastoral" e que consiste em conduzir a conduta cotidiana dos indivíduos.[26] Foucault retoma, assim, de forma bem sintética, as análises da "governamentalidade pastoral" que ele havia proposto três meses antes no Collège de France.[27] Mas, em "O que é a crítica?" Foucault propõe uma tese inédita: a "governamentalização" que caracteriza as sociedades ocidentais modernas a partir dos séculos XV e XVI não pode ser dissociada da questão de "como não ser governado *desse modo*, por isso, em nome desses princípios, em vista de tais objetivos e por meio desses procedimentos".[28] A atitude crítica recebe, assim, sua primeira definição sem que sequer Kant tenha sido convocado: "forma cultural geral", "atitude moral e política", "maneira de pensar", ela é, de uma só vez, cúmplice e adversária das artes de governar – é a "arte de não ser tão governado".[29]

---

26 Infra, pp. 36–38.

27 Ver STP, pp. 167–88 [pp. 219–54].

28 Infra, p. 38

29 Ibid. Essa formulação poderia sugerir a possibilidade de uma linha a ser traçada entre o que Foucault chama aqui de "atitude crítica" e o que chamará de "razão governamental crítica" na primeira aula de seu curso, no Collège de France,

No Collège de France, Foucault estava concentrado nos pontos de resistência produzidos no âmbito da pastoral cristã ao definir as chamadas "contracondutas" como atitudes por meio das quais, na Idade Média, manifestou-se a vontade de "ser conduzido de outro modo, por outros condutores e por outros pastores, para outros objetivos e outras formas de salvação, por meio de outros procedimentos e de outros métodos".[30] A proximidade entre esse conceito e a "atitude crítica" enquanto "vontade de não ser governado assim, desse modo, por estas pessoas, a este preço"[31] é evidente – o "contra-" e o "assim" testemunham a dimensão sempre *local* e *estratégica* dessas formas de resistência.[32] De fato, à Sociedade Francesa de Filosofia, Foucault apresenta explicitamente a atitude das contracondutas pastorais como uma etapa na genealogia da atitude crítica:[33] não somente o primeiro "ponto de ancoragem histórica" que ele evoca é o "retorno às Escrituras",[34] mas, durante o debate que se segue à conferência, afirma que seria preciso pesquisar a origem histórica da atitude crítica precisamente nas lutas religiosas da segunda metade da Idade Média.[35]

O segundo traço marcante e específico de "O que é a crítica?" é a interpretação de *Aufklärung* aí proposta por Foucault. Embora tenha ressituado a atitude crítica em uma história mais ampla do que o mero "momento kantiano" para fazer "algo completamente diferente da herança de um pensamento filosófico particular",[36]

Nascimento da Biopolítica. Ao descrever a emergência do liberalismo, Foucault insiste na "limitação interna da racionalidade governamental" que a caracteriza, que vai "girar em torno de como não governar demais". Ver NB, pp. 14–15, 22–23 [pp. 15–18]. No entanto, essa analogia é superficial, enganosa em última instância; porque o liberalismo em si entende uma maneira específica de governar o humano, maneira a que podemos sempre opor a recusa de ser governado *assim*: a *auto*limitação não é uma *contra*conduta.

30 STP, pp. 197–98 [pp. 255–57].

31 Infra, p. 72.

32 De fato, Foucault não tem a pretensão de apontar para "alguma coisa que seria um anarquismo fundamental, que seria como a liberdade originária absolutamente insubmissa e profunda em relação a toda governamentalização". Ver infra, p. 72.

33 Ver infra, p. 39 e pp. 41–42.

34 Infra, pp. 39–40. Ver também STP, p. 217 [pp. 281–82].

35 Infra, pp. 66–67.

36 Infra, p. 41.

Foucault defende que sua definição de atitude crítica corresponde àquela dada por Kant, em 1784, da *Aufklärung*, como tentativa corajosa de saída de um estado de minoridade no qual uma autoridade exterior conserva a humanidade, por sua vez incapaz de servir-se do próprio entendimento fora de uma relação de tutela. Na leitura de Foucault, a *Aufklärung* passa a ser, então, uma atitude prática de resistência a um poder de direção governamental, que se inscreve em um campo de relações entre sujeito, poder e verdade – o que o autor denomina o "núcleo da crítica"[37] – no esforço de contestá-las, desatá-las e revertê-las. De maneira bem mais clara e muito mais explicitamente do que fará mais tarde,[38] Foucault joga a *Aufklärung* contra a crítica epistemológica, que é concebida por Kant como "prolegômenos a toda *Aufklärung* presente e futura", porque, segundo Kant, nossa liberdade advém "menos daquilo que nós empreendemos, com mais ou menos coragem, do que da ideia que nós próprios fazemos de nosso conhecimento e de seus limites".[39] Em outros termos, para Kant, a "coragem de saber" invocada pela *Aufklärung* consistiria em reconhecer os limites do conhecimento, a fim de conquistar uma autonomia que, de resto, não se opõe à obediência, mas constitui-se, ao contrário, como o verdadeiro fundamento dela. E Foucault afirma que esse projeto crítico situado "em recuo" em relação à "coragem da *Aufklärung*" é perseguido, nos séculos XIX e XX, sob a forma de uma denúncia ao excesso de poder pelo qual a própria razão seria historicamente responsável[40] – uma via da qual Foucault parece claramente querer se distanciar, não sem reconhecer seus pontos de contato com a Escola de Frankfurt.[41]

A extensa reflexão metodológica que ocupa a parte final da conferência à Sociedade Francesa de Filosofia é o terceiro traço específico dela.[42] Retomando temas tratados uma semana antes

37 Infra, p. 40.

38 Ver GSA, pp. 30–31 [pp. 30–31]; "What is Enlightenment?", op. cit., p. 1386 ["O que são as Luzes?", pp. 340–41].

39 Infra, p. 45.

40 Infra, pp. 46–47.

41 Ver infra, p. 48 e pp. 51–52, nota 21.

42 Ao final de seu artigo sobre Kant e a *Aufklärung* publicado nos Estados Unidos em 1984, Foucault menciona alguns pontos metodológicos, mas de modo

em uma mesa-redonda com historiadores,[43] bem como alguns conceitos elaborados na segunda metade dos anos 1960, Foucault descreve certa prática "histórico-filosófica" que busca explorar as relações entre "as estruturas de racionalidade que articulam o discurso verdadeiro e os mecanismos de assujeitamento a ele ligados", e que mantém uma relação privilegiada com a *Aufklärung*, porque tenta divisar sob quais condições "pode-se aplicar, ao momento histórico que seja, essa questão da *Aufklärung*, a saber, das relações entre os poderes, a verdade e o sujeito".[44] Assim redefinida, a questão da *Aufklärung* torna-se, inclusive, a perspectiva a partir da qual Foucault conduzirá daí em diante suas análises e todo seu trabalho.[45] A *Aufklärung* como questão "trans--histórica",[46] portanto, a ser reencontrada não apenas na Modernidade (nos problemas das relações entre razão e loucura, doença e saúde, crime e lei etc.), mas também no seio do Cristianismo dos primeiros séculos e na Antiguidade greco-romana.[47]

---

muito esquemático. Ver "What is Enlightenment?", op. cit., pp. 1393–96 ["O que são as Luzes?", pp. 344–51].

43 Ver "Table ronde du 20 mai 1978" [1980], in DE II, n. 278 ["Mesa-redonda em 20 de maio de 1978"].

44 Infra, pp. 51, 55.

45 Ver, por exemplo, GSA, pp. 4–7 [pp. 4–7]; "Préface à l'Histoire de la sexualité" [1984], in DE II, n. 340, pp. 1400–03 ["Prefácio à História da sexualidade", pp. 207–09]; "Foucault" [1984], in DE II, n. 345, pp. 1450–55 ["Foucault", pp. 234–39].

46 Ver CV, p. 161 [p. 155]. Em 1984, Foucault argumentou, analogamente, que as investigações histórico-críticas a serem feitas no âmbito do que ele chamava de "ontologia crítica de nós mesmos", de fato, envolvem uma generalidade, são recorrentes, mas isso não significa que devemos "retraçá-la em sua continuidade meta-histórica através do tempo": "O que é preciso saber é em que medida o que sabemos, as formas de poder que aí se exercem e a experiência que fazemos de nós mesmos constituem apenas figuras históricas determinadas por uma certa forma de problematização, que definiu objetos, regras de ação, modos de relação consigo mesmo". Ver "What is Enlightenment?", op. cit., p. 1396 ["O que são as Luzes?", p. 350].

47 No debate que acompanha a conferência dirigida à Sociedade Francesa de Filosofia, Foucault sugere que poderíamos percorrer "toda a história possível e até as origens radicais da filosofia, de modo que o processo de Sócrates, creio que se pode interrogá-lo de maneira válida, sem nenhum anacronismo, mas a partir de um problema que é e que foi, em todo caso, percebido por Kant como um problema da *Aufklärung*". Ver infra, p. 72.

Mas, precisamente, como conduzir essa análise histórico-filosófica? Contrariamente a isso que ele chama de "investigação sobre a legitimidade dos modos históricos do conhecer", que coloca a questão da *Aufklärung* em termos de conhecimento, Foucault se propõe a tomar um ponto de partida político para essa questão, ou seja, acessá-la através do problema do poder, através de uma "prova de acontecimentalização". Por um lado, trata-se de evitar ao máximo possível colocar a questão geral da verdade e da legitimidade, substituindo os termos conhecimento e dominação (com seus limites fixos) por saber e poder, e de concentrar-se nos "nexos de saber-poder", sempre específicos e determinados. Com efeito, é apenas analisando esses nexos, cujos elementos de poder e de saber nunca são exteriores uns em relação aos outros, que é possível realizar a passagem do empiricamente observável em um conjunto de elementos (o sistema da doença mental, da penalidade, da delinquência, da sexualidade etc.) à sua aceitabilidade histórica – chamada por Foucault de o nível da arqueologia.[48] Por outro lado, trata-se de mostrar que esses conjuntos não são óbvios, que eles não são necessários nem estão inscritos em algum a priori transcendental. Portanto, analisá-los como "singularidades puras" as quais é preciso compreender como um conjunto de *efeitos*, sem, no entanto, reconduzi-las à "unidade de uma causa principal". Estamos aí no nível da genealogia, que busca precisamente restituir "as condições de aparição de uma singularidade a partir de múltiplos elementos determinantes", sem jamais funcionar conforme um princípio de fechamento, uma vez que as relações que permitem dar conta de um efeito singular são margens variáveis de indecisão e testemunhos de uma mobilidade perpétua. Por isso trata-se de uma análise que, além de arqueológica e genealógica, é também *estratégica*.[49]

48 Infra, pp. 55–60.

49 Infra, pp. 60–64. Se é o caso – como ele afirma no debate organizado pelo Departamento de História da Universidade da Califórnia em Berkeley logo depois da conferência "A cultura de si" – de que "eu nunca deixei de fazer arqueologia, nem de fazer genealogia", é preciso notar, porém, que as definições que oferece de ambos os termos mudam ao longo dos anos, adaptando-se aos contextos específicos das análises propostas. Ver "Debate no Departamento de História", infra, p. 127. Ver também infra, pp. 59–60, nota 32 e p. 63, nota 34.

Abordar por esse viés a questão da *Aufklärung* (ou seja, o problema das relações entre poder, verdade e sujeito) não significa fazer funcionar o poder na qualidade de dado fundamental e princípio único de explicação, mas considerá-lo sempre "como relação num campo de interações", como associado "a um domínio de possibilidade e, por consequência, de reversibilidade, de reversão possível".[50] Em outros termos, para Foucault, levantar novamente a questão da *Aufklärung* não significa tentar compreender como o conhecimento pode fazer de si próprio uma ideia justa, mas destacar o valor ético-político de uma *atitude*, que é, de uma só vez, individual e coletiva, consistindo em não querer ser governado assim. Em 1978 (tal como em 1983–84), a análise do texto de Kant sobre o Iluminismo é, portanto, uma maneira de fazer o balanço de sua própria trajetória intelectual e, ao mesmo tempo, de mensurar a singularidade de seu trabalho e seu lugar no campo da filosofia contemporânea.

AUFKLÄRUNG E A ONTOLOGIA HISTÓRICA DE NÓS MESMOS

Depois de atravessar tantas falas e textos nos anos que se seguiram, sem nunca constituir, no entanto, o ponto focal, a questão da crítica e da *Aufklärung* emerge de maneira significativa em 1983, quando Foucault decide consagrar a aula inaugural de seu curso, no Collège de France, O Governo de Si e dos Outros à discussão de "Was ist Aufklärung?", e, mais resumidamente, à segunda dissertação de *Conflito das faculdades* (1798), na qual Kant coloca a questão "O que é a Revolução [francesa]?".[51] Esses dois textos, segundo Foucault, dão testemunho de um jeito muito específico de filosofar, que Kant teria, por assim dizer, inaugurado e que consiste em se interrogar sobre sua própria atualidade – um tema que Foucault não tinha ainda indicado durante sua conferência à Sociedade Francesa de Filosofia, mas que constitui o aspecto mais constante na série de textos e intervenções ulteriores em que ele

50 Infra, p. 65.

51 Ver GSA, pp. 16–21 [pp. 16–21].

aborda o artigo de Kant sobre o Iluminismo.[52] Esse é também o caso da conferência proferida por Foucault na Universidade da Califórnia em Berkeley, em 12 de abril de 1983, na qual, a fim de explicar o porquê de seu interesse pelo tema da "cultura de si", ele inicia com um comentário sobre "Was ist Aufklärung?", sublinhando tratar-se de uma "interrogação filosófica acerca do presente", formulada nos termos de "uma realização muito particular" da "história geral do uso que fazemos da nossa própria razão". Foucault argumenta, portanto, que o texto de Kant introduziu na filosofia "um novo gênero de questão": que não é a questão de como não ser governado assim, mas sim a questão da significação histórico-filosófica "do momento preciso em que o filósofo escreve e do qual ele próprio faz parte".[53]

Por consequência, em 1983, Foucault não identifica explicitamente a questão da *Aufklärung* com a da atitude crítica, mas com uma questão "histórico-crítica" diferente: "O que nós somos atualmente?". E, se ainda aponta certo desvio entre "Was ist Aufklärung?" e o projeto crítico kantiano propriamente dito, é um desvio descrito de outra forma: Kant teria inaugurado duas tradições filosóficas irredutíveis, ainda que aparecessem ligadas em suas obras. De um lado, a tradição da "ontologia formal da verdade" ou da "análise crítica do conhecimento" (O que é a verdade? Como é possível conhecer a verdade?); de outro, a tradição da "ontologia histórica de nós mesmos" ou da "história crítica do pensamento" (O que é a nossa atualidade? O que somos nós enquanto parte integrante desta atualidade?).[54] Foucault retoma aqui o esquema que propunha alguns meses antes no Collège de France, ao vincular a obra crítica de Kant à tradição da "analítica da verdade", e os textos sobre a *Aufklärung* e sobre a Revolução a uma tradição crítica que, pelo contrário, coloca a questão do "campo atual das experiências possíveis" – o que Foucault chamara "uma ontologia do presente, uma ontologia da atualidade, uma ontologia da modernidade, uma ontologia de nós mesmos".[55]

---

52 Ver infra, pp. 82–84, nota 5.

53 Infra, p. 84.

54 Infra, p. 86.

55 GSA, pp. 21–22 [p. 21]. Nas "Conferências Howison", proferidas em Berkeley em outubro de 1980, Foucault desenha uma oposição que parece antecipar essas formulações: trata-se, segundo ele, de "buscar outro gênero de filosofia

Em Berkeley, ao reivindicar seu pertencimento à segunda tradição, Foucault afirma que "toda história ontológica de nós mesmos deve analisar três conjuntos de relações: nossas relações com a verdade, nossas relações com o dever e nossas relações com nós mesmos e com outros".[56] Reconhece-se aqui o "núcleo da crítica" definido por Foucault em 1978: as relações tecidas entre sujeito, poder e verdade.[57] E, ao esclarecer, em 1983, que, se, por um lado, quando ele estudava a loucura, a psiquiatria, o crime e a punição, tinha sido levado a destacar principalmente nossa relação com a verdade e com o poder, agora, ao estudar "a constituição de nossa experiência da sexualidade", tratava-se de destacar cada vez mais as relações consigo e com as "técnicas de si".[58] De fato, se, em *A vontade de saber*, o sujeito sexual é abordado sob o ângulo de seu assujeitamento à *scientia sexualis* e das relações de poder a ele associadas,[59] é pelo estudo da experiência da sexualidade na Antiguidade greco-romana que Foucault toma consciência do papel crucial desempenhado pelas técnicas de si, graças às quais é possível dar forma a um *si mesmo*

crítica – não mais a filosofia que visa determinar as condições e os limites do conhecimento possível dos objetos, e sim uma que procure as condições e as possibilidades indefinidas de transformação do sujeito, de nossa própria transformação". Ver OHS, p. 37, nota b.

56 Infra, p. 87.

57 De maneira análoga, na primeira versão da introdução de *O uso dos prazeres*, Foucault define "crítica" como "análise das condições históricas segundo as quais se constituíam as relações com a verdade, com a regra e consigo". Ver "Préface à l'Histoire de la sexualité", op. cit., p. 1399 ["Prefácio à História da sexualidade", p. 209].

58 Infra, p. 88. Durante o debate organizado pelo Departamento de Filosofia da Universidade da Califórnia em Berkeley, que ocorreu assim que encerrada a conferência, Foucault explica que, de fato, "pelo menos na nossa sociedade", "o domínio onde se constitui a relação consigo é, em grande medida, a experiência sexual"; seria, portanto, "quase impossível dissociar o problema da constituição de si do problema da história da sexualidade". Ver "Debate no Departamento de Filosofia", infra, p. 118. Para uma argumentação análoga que introduz o tema das técnicas de si, ver OHS, pp. 37–39; "Séxualité et solitude" [1981], in DE II, n. 295, pp. 989–90 ["Sexualidade e solidão", pp. 95–96]; "La technologie politique des individus" [1988], in DE II, n. 364, p. 1633 ["A tecnologia política dos indivíduos", pp. 301–02].

59 O Governo de Si e dos Outros pp. 71–173 [pp. 59–144].

(ao menos parcialmente) autônomo em relação às ciências e às relações de poder. Em "A cultura de si", o debate sobre o texto de Kant, do Iluminismo e da ontologia histórica de nós mesmos é utilizado para definir o quadro filosófico no interior do qual Foucault afirma ter trabalhado desde sempre:[60] a análise das relações de si e das técnicas de si que presidem a constituição de nós mesmos e que estão igualmente no centro da "cultura greco-latina de si".[61]

Esse vínculo estreito estabelecido por Foucault entre o estudo de "Was ist Aufklärung?" e suas análises da Antiguidade greco--romana constitui uma especificidade da conferência de Berkeley em relação aos outros textos e intervenções do mesmo período. Com exceção de uma conferência pronunciada na Universidade de Vermont em outubro de 1982, na qual Foucault afirma que a questão formulada por Kant em seu texto sobre o Iluminismo ("O que somos nós neste tempo que é o nosso?") define "o quadro geral" do estudo das "técnicas de si",[62] a discussão de "Was ist Aufklärung?" permanece ainda bastante desconectada das análises foucaultianas sobre a Antiguidade. "Excurso" ou tema de uma "pequena epígrafe" na primeira aula do curso O Governo de Si e dos Outros,[63] a reflexão sobre Kant e a *Aufklärung* adquire total autonomia no artigo publicado em 1984 nos Estados Unidos,[64]

---

60 Ver "Le sujet et le pouvoir" [1982], in DE II, n. 306, p. 1042 ["O sujeito e o poder", p. 119]. "Não é [...] o poder, mas o sujeito que constitui o tema geral de minhas pesquisas."

61 Infra, p. 92. Como Foucault explica durante o debate organizado pelo Departamento de Filosofia, ele usa a palavra "cultura" porque a cultura de si não "era só uma ideia filosófica, ela era genuinamente uma prática" – é, simultaneamente, uma noção, uma reunião de técnicas, um tipo de experiência, uma atividade social. Ver "Debate no Departamento de Filosofia", infra, pp. 108, 114–15. Ver também "Debate no Departamento de História", infra, pp. 135–36, em que Foucault insiste sobre a "autonomia" da cultura greco-latina de si: o cuidado de si, na Antiguidade, era decisão pessoal que não passava, necessariamente, por instituições políticas, religiosas ou educacionais.

62 "La technologie politique des individus", op. cit., p. 1632 ["A tecnologia política dos indivíduos", p. 301].

63 GSA, p. 8 [p. 8].

64 Ainda que Foucault tenha definido a modernidade "mais como uma atitude do que como um período da história", ou seja, de forma análoga ao que "os gregos chamavam de *êthos*", ao caracterizá-lo, por exemplo, por um "ascetismo

mas é só em "A cultura de si" que ela se amarra explicitamente e de forma mais estruturada ao trabalho que Foucault estava realizando com os textos dos filósofos antigos.

Entretanto, se pautarmos a "reaparição" do texto de Kant nas intervenções foucaultianas de 1983, somos levados a reconhecer a existência de uma relação estreita entre a atitude crítica e a "coragem da *Aufklärung*", conforme Foucault as definira em 1978, e seu estudo da *parresía* antiga como coragem da verdade. Foucault, de resto, está plenamente consciente disso. Assim, na última aula do curso O Governo de Si e dos Outros, ele defende que "Was ist Aufklärung?" representa, para a filosofia, uma oportunidade de levar em consideração os problemas "que eram, tradicionalmente, na Antiguidade, os da *parresía*";[65] e, no ciclo de conferências que dá na Universidade da Califórnia, em Berkeley, no outono de 1983, afirma que, "analisando a noção de *parresía*", pretende "esboçar a genealogia do que se poderia chamar de atitude crítica na nossa sociedade".[66] Se é provável, porém, que a "descoberta" da *parresía* contribuiu para a multiplicação de reflexões sobre Kant e a *Aufklärung* nas intervenções e nos textos foucaultianos de 1983–84, essa relação não é nem um pouco exclusiva, como atesta a conferência sobre "A cultura de si". Aliás, é notável como, durante o debate no Departamento de Língua Francesa da Universidade da Califórnia em Berkeley, que ocorre após essa conferência, Foucault afirma que essas mesmas contracondutas pastorais, que ele tinha apresentado em 1978 como antecedentes da atitude crítica, constituem igualmente uma "reaparição de formas mais autônomas" da cultura de si na Idade Média.[67]

---

indispensável" através do qual se toma a si mesmo como "objeto de uma elaboração complexa e dura". Ver "What is Enlightenment?", op. cit., pp. 1387, 1389 ["O que são as Luzes?", pp. 341–42, 344].

65 GSA, p. 322 [p. 317].

66 *Discourse and Truth*, IMEC/Fonds Michel Foucault, C 100(2).

67 "Debate no Departamento de Língua Francesa", infra, p. 167.

CULTURAS DE SI

A conferência de Berkeley, em termos de organização, parece-se bastante com as análises feitas por Foucault em seu curso, no Collège de France, A Hermenêutica do Sujeito e, em particular, no extenso resumo do curso;[68] ela possui, entretanto, uma estrutura bem diferente daquela encontrada no segundo capítulo de *O cuidado de si*, que traz o mesmo título.[69] Após a discussão introdutória do texto de Kant sobre o Iluminismo, "A cultura de si" introduz um movimento em três momentos.

Primeiramente, Foucault insiste na grande importância histórica do princípio *epiméleia heautoû*, de Sócrates a Gregório de Níssa, e explica como, durante a Antiguidade, a regra e a prática do *conhece-te a ti mesmo* encontravam-se constantemente associadas e subordinadas ao *cuidado de si*. É por isso que Foucault estuda o *epiméleia heautoû* na cultura greco-romana enquanto "matriz prática da experiência de si": de fato, se "a metafísica grega foi determinante para nossa relação filosófica com o ser" e se "a ciência grega foi determinante para nossa relação racional com o mundo", a cultura greco-romana foi determinante, segundo ele, "para nossa relação ética com nós mesmos".[70] Propõe, então, uma confrontação cerrada entre a forma assumida por essa cultura de si no século IV a. C. e aquela própria dos dois primeiros séculos da nossa era. Assim, na conferência de Berkeley, a expressão "cultura de si" não se aplica apenas à época imperial – quando o princípio segundo o qual é preciso "cuidar de si mesmo" adquire "uma importância mais geral", chegando a constituir uma prática social e dando lugar à elaboração de um verdadeiro saber[71] – mas também à Grécia clássica: "A cultura de si não é um fenômeno tardio provocado pelo declínio da cidade clássica; é um fenômeno que apareceu cedo e que, durante a Antiguidade, assumiu diversas formas".[72]

---

68 Ver "L'herméneutique du sujet" [1982], in DE II, n. 323 ["A hermenêutica do sujeito"].

69 Ver SS, pp. 53–85 [pp. 51–92].

70 Infra, p. 92.

71 SS, pp. 57–59 [pp. 87–88]. Ver também HS, pp. 173–74, 197 [pp. 162–63, 185].

72 Infra, p. 94.

Em um segundo momento, portanto, Foucault analisa o *Alcibíades* de Platão enquanto primeira elaboração filosófica do princípio *epiméleia heautoû*. Retomando resumidamente as análises propostas no curso A Hermenêutica do Sujeito,[73] Foucault insiste em quatro pontos que caracterizam a cultura de si no século IV. O cuidado de si está ligado, em primeiro lugar, à ambição política do jovem que, para poder governar a cidade, deve primeiro aprender a cuidar de si; em segundo lugar, está ligado a uma pedagogia insuficiente e imperfeita que se mostrou incapaz de ensinar ao jovem do que ele necessita para realizar seu projeto; em terceiro lugar, a uma relação erótico-filosófica entre o jovem e o mestre; por fim, o cuidado de si, no *Alcibíades*, "toma principalmente a forma de uma contemplação da alma por ela mesma".[74]

É partindo dessa esquematização que Foucault, em um terceiro momento, descreve as características principais da "nova cultura de si" na época imperial.[75] Em primeiro lugar, a relação consigo mesmo torna-se permanente, isto é, ocupar-se de si deixa de ser "uma simples preparação momentânea para a vida, é uma forma de vida".[76] Em segundo lugar, a relação consigo mesmo torna-se uma prática adulta, ela adquire funções inéditas: função crítica (porque é preciso desembaraçar-se dos maus hábitos, das opiniões falsas etc.); função de luta (pois é preciso dar ao indivíduo "as armas e a coragem que lhe permitirão combater durante toda sua vida"); função terapêutica (a filosofia agora é chamada a curar as doenças da alma).[77] Em terceiro lugar, a relação com o mestre perde seu caráter erótico e torna-se agora relação de autoridade, uma

73 Ver HS, pp. 33–46, 50–58, 65–76 [pp. 30–43, 48–55, 62–72] e passim. Ver também "Les techniques de soi" [1988], in DE II, n. 363, pp. 1608–11 ["As técnicas de si", pp. 270–74].

74 Infra, p. 96. Sobre "o conhecimento ontológico do modo de ser da alma" em Platão, e sobre um sentido bem distinto que a fórmula *gnôthi seautón* adquire no estoicismo tardio (definindo "todo um outro estilo de relação consigo"), ver também "Debate no Departamento de Língua Francesa", infra, pp. 159–61.

75 Para uma descrição dos aspectos mais marcantes da cultura de si nos dois primeiros séculos de nossa era, ver também HS, p. 79 ss. [p. 75 ss.]; SS, pp. 57–85 [pp. 51–92].

76 Infra, p. 98.

77 Infra, p. 99.

relação técnica, administrativa, institucional. Por fim, em quarto lugar, a "nova" cultura de si implica um conjunto muito variado de técnicas de si (em Berkeley, Foucault concentra-se particularmente nas práticas de escrita), bem diferentes da pura contemplação da alma.[78] Se é possível falar em uma "cultura de si" no século IV a.C. é, portanto, na época imperial que ela ganhará toda sua amplitude.[79]

Por que motivo, então, o tema do cuidado de si parece ter "desaparecido" no mundo moderno e contemporâneo? Foucault fornece variadas explicações: a influência do cristianismo, que deu ao cuidado de si a forma de uma renúncia de si; a inscrição das técnicas de si nas estruturas de autoridade e de disciplina, de maneira que a cultura de si perdeu sua autonomia; a emergência das ciências humanas, que concebem a relação consigo como uma relação de conhecimento; enfim, a ideia segundo a qual o *si mesmo* é uma realidade oculta que é preciso desvelar e liberar.[80] Mas, como Foucault explica durante o debate no Departamento de Filosofia, "o si não é uma realidade dada de início e que deve se desenvolver conforme certo esquema ou modelo": pelo contrário, ele *se constitui* "através de diversas práticas, diversas técnicas etc., que são características da ética" – não é uma substância, mas um conjunto de relações consigo.[81] Assim como tinha feito nas conferências sobre *A origem da hermenêutica de si* (em que falava de uma "política de nós mesmos"),[82] Foucault conclui sua

78 Infra, pp. 100–01.

79 Além disso, Foucault defende que os novos traços da cultura de si dos primeiros dois séculos de nossa era caracterizam igualmente o "cuidado de si cristão" e, de certa maneira, "nossa própria cultura de si". Ver infra, p. 97. No debate organizado pelo Departamento de Língua Francesa, ele afirma, porém, que o cristianismo trouxe algumas transformações bem significativas em relação à experiência antiga de si. Ver "Debate no Departamento de Língua Francesa", infra, pp. 147–48. Ver também infra, p. 148, nota 3.

80 Ver infra, p. 105.

81 "Debate no Departamento de Filosofia", infra, pp. 110, 112. Ver também "Debate no Departamento de Língua Francesa", infra, p. 173: "O que eu chamo de prática de si é a maneira como o indivíduo, em sua relação consigo, constitui-se a si mesmo como sujeito [...]. Nós nos constituímos enquanto sujeitos na relação com nós mesmos, o sujeito não é dado".

82 Ver OHS, pp. 90–91.

conferência sobre "A cultura de si" afirmando que o si não é senão o "correlato de tecnologias desenvolvidas ao longo de nossa história"; o problema não é, portanto, como libertá-lo, mas pensar "como seria possível elaborarmos novos tipos e novas formas de relações conosco".[83] Em outros termos, restituir ao *si* uma dimensão histórica e prática não significa, para Foucault, "diminuir o peso de nossa história sobre nossos ombros", mas "colocar à disposição do trabalho que podemos fazer sobre nós mesmos a parte maior possível do que nos é apresentado como inacessível".[84] Essa é uma das razões pelas quais o espaço da reflexividade, trazido à luz pela ideia de "conduzir *a si mesmo*", mostrou-se decisivo na maneira como Foucault concebe o trabalho da ética.[85]

Esse projeto, de uma só vez histórico-filosófico e ético-político, vincula-se explicitamente àquilo que Foucault, amparando-se em "Was ist Aufklärung?", tinha denominado "ontologia histórica de nós mesmos". De fato, "Quem somos nós?" não é uma questão cartesiana que pressupõe um sujeito único, universal, não histórico – "Quem sou *eu*, *eu*, porque Descartes é todo mundo, em qualquer lugar e em qualquer momento".[86] Pelo contrário, a questão de Kant em seu texto sobre o Iluminismo é uma questão nietzscheana avant la lettre:[87] trata-se de indagar quem somos nós *hoje*, "neste momento preciso da história", de considerar a dimensão contingente "da nossa forma de 'si'", ao abrir, por essa via, a possibilidade (teórica e prática) de "recusar o que nós somos"[88] e inventar formas inéditas de relação com nós mesmos. De forma análoga, Foucault conclui seu artigo publicado em 1984 nos

---

83 Infra, p. 105.

84 "Est-il donc important de penser?" [1981], entrevista com D. Eribon, in DE II, n. 296, p. 1001 ["É importante pensar?", p. 358].

85 Ver UP, pp. 34–35 [pp. 34–35].

86 "Le sujet et le pouvoir", op. cit., p. 1050 ["O sujeito e o poder", p. 127].

87 Ver "Michel Foucault et Gilles Deleuze veulent rendre à Nietzsche son vrai visage" [1966], in DE I, n. 41, p. 579 ["Michel Foucault e Deleuze querem devolver a Nietzsche sua verdadeira cara", p. 32]: "[...] o surgimento de Nietzsche constitui um corte na história do pensamento ocidental. O modo do discurso filosófico mudou com ele. Anteriormente, este discurso era um *Eu* anônimo. Assim, as *Meditações metafiísicas* têm um caráter subjetivo. No entanto, o leitor pode se substituir a Descartes. Impossível dizer 'eu' no lugar de Nietzsche".

88 "Le sujet et le pouvoir", op. cit., p. 1051 ["O sujeito e o poder", p. 128].

Estados Unidos afirmando que é preciso conceber "a ontologia crítica de nós mesmos" como "uma atitude, um *êthos*, uma via filosófica em que a crítica do que somos é simultaneamente análise histórica dos limites que nos são colocados e prova da sua ultrapassagem possível".[89] Se Foucault se interessa pela cultura greco-romana de si enquanto estética da existência, de fato, não é para propor um retorno à ética antiga como "alternativa" aos modelos morais contemporâneos, mas por crer que ela está em posição de nos mostrar a possibilidade de construir uma "nova ética" que, graças ao trabalho da análise histórica ligada à "imaginação ética", curto-circuita as três grandes referências, já fragilizadas, da religião, da lei e da ciência.[90]

89 "What is Enlightenment?", op. cit., p. 1396 ["O que são as Luzes?", p. 351].

90 "Debate no Departamento de História", infra, p. 138. Para um raciocínio análogo, ver também *Discussion with Michel Foucault*, IMEC/Fonds Michel Foucault, D 250(5), pp. 5–6.

O QUE É A CRÍTICA?

1978

Conferência proferida por Michel Foucault à Sociedade Francesa de Filosofia em 27 de maio de 1978.

[HENRI GOUHIER] ***Senhoras, senhoritas, senhores, gostaria primeiramente de agradecer ao senhor Michel Foucault por ter incluído esta sessão no calendário de um ano muito carregado, já que nós o trouxemos, não diria no dia seguinte, mas quase dois dias após uma longa viagem ao Japão.[1] É o que explica o fato de a convocação enviada para esta reunião ser bastante lacônica. De todo modo, a comunicação de Michel Foucault é uma surpresa e, como se pode supor que é uma boa surpresa, eu não vou fazê-los esperar por mais tempo o prazer de ouvi-lo.***

1 Depois da última aula de seu curso, no Collège de France, Segurança, Território, População, proferida no dia 5 de abril de 1978, Foucault, de fato, partiu para o Japão, para uma estada que se prolongou até o fim do mês de abril. Ver D. Defert, "Chronologie", op. cit., p. 74, ["Cronologia", pp. 50–51]. Durante sua estada, ele deu muitas conferências importantes e participou de numerosos debates e entrevistas. Ver "Sexualité et politique" [1978], entrevista com C. Nemoto e M. Watanabe, in DE II, n. 230, pp. 522–31 ["Sexualidade e política", pp. 26–36]; "La société disciplinaire en crise" [1978], in DE II, n. 231 pp. 532–34 ["A sociedade disciplinar em crise", p. 267–69]; "La philosophie analytique de la politique" [1978], in DE II, n. 232, pp. 534–51 ["A filosofia analítica da política", pp. 37–55]; "Sexualité et pouvoir" [1978], in DE II, n. 233, pp. 552–70 ["Sexualidade e poder", pp. 56–76]; "La scène de la philosophie" [1978], entrevista com M. Watanabe, in DE II, n. 234, pp. 571–95 ["A cena da filosofia", pp. 242–47]; "Méthodologie pour la connaissance du monde: Comment se débarrasser du marxisme" [1978], entrevista com R. Yoshimoto, in DE II, n. 235, pp. 595–618 ["Metodologia para o conhecimento do mundo: Como se desembaraçar do marxismo", pp. 186–210]; "Michel Foucault et le zen: Un séjour dans un temple zen" [1978], in DE II, n. 236, pp. 618–24 ["Michel Foucault e o zen: Uma estada em um templo zen", pp. 79–85].

Eu lhes agradeço infinitamente pelo convite para esta reunião, diante desta Sociedade. Creio que já havia feito uma comunicação aqui há cerca de dez anos sobre *O que é um autor?*.[2]

À questão a respeito da qual eu queria lhes falar hoje, não atribuí um título. Sr. Gouhier quis lhes dizer, com indulgência, que isso se deve à minha estada no Japão. A bem dizer, é uma amabilíssima atenuação da verdade. Digamos que efetivamente, até estes últimos dias, eu não tinha ainda encontrado um título, ou antes, havia um que me assombrava e que não quis escolher. Vocês vão ver o porquê: isso teria sido indecente.

Na realidade, a questão da qual queria lhes falar, e da qual eu ainda quero lhes falar, é: *O que é a crítica?*. Seria necessário ensaiar algumas palavras em torno deste projeto que não cessa de se formar, de se prolongar, de renascer nos confins da filosofia, muito perto dela, muito contra ela, às suas custas, em direção a uma filosofia vindoura, no lugar talvez de toda filosofia possível. E parece-me que, entre o alto empreendimento kantiano e as pequenas atividades polêmico-profissionais que levam o nome de crítica, houve no Ocidente moderno (datando, grosseiramente, empiricamente, dos séculos XV–XVI) certa maneira de pensar, de dizer, de agir inclusive, certa relação com o que existe, com o que se diz, com o que se faz, uma relação com a sociedade, com a cultura, uma relação também com os outros e que se poderia chamar, digamos, de atitude crítica. Certamente, vocês se surpreenderão em ouvir dizer que existe algo como uma atitude crítica e que seria específica da civilização moderna, já que houve tantas críticas, polêmicas etc., e que mesmo os problemas kantianos têm, sem dúvida, origens bem mais longínquas que os séculos XV–XVI. Seria também de surpreender a tentativa de procurar uma unidade nessa crítica, dado que ela parece dedicada, por natureza, por função, eu diria por profissão, à dispersão, à dependência, à pura heteronomia. Afinal, a crítica não existe a não ser em relação a outra coisa que não ela mesma: ela é instrumento, meio para um porvir ou uma verdade que ela

2 Ver "Qu'est-ce qu'un auteur?". *Bulletin de la Société Française de Philosophie*, ano 63, n. 3, jul.–set. 1969, pp. 73–104 (republicado in DE I, n. 69, pp. 817–49 ["*O que é um autor?*", pp. 264–98]).

não conhecerá e não será, ela é um olhar sobre um domínio que deseja policiar e no qual não é capaz de fazer a lei. Tudo isso faz com que seja uma função subordinada àquilo que constitui positivamente a filosofia, a ciência, a política, a moral, o direito, a literatura etc. E, ao mesmo tempo, sejam quais forem os prazeres ou as compensações que acompanham essa curiosa atividade da crítica, parece não apenas que ela carrega muito regularmente, quase sempre, alguma rigidez [M, em vez de "rigidez": valor] **de utilidade, que ela reclama para si, mas também que ela é sustentada por um tipo de imperativo mais geral – mais geral ainda que aquele de afastar os erros. Há alguma coisa na crítica que se assemelha à virtude. E, de certa forma, o que eu gostaria de lhes falar era da atitude crítica como virtude em geral.**

[M]

Entre o alto empreendimento kantiano e as pequenas atividades polêmico-profissionais, creio ter havido, no Ocidente, uma maneira de pensar, de dizer e de fazer que se poderia chamar de "maneira crítica". Jamais autônoma (e não podendo, por definição, jamais o ser), ela se exerce sempre em um domínio ou em relação a um domínio – a filosofia, a ciência, o direito, a economia, a política; dispersa, portanto, mas com alguns jogos de relações, de ligações, de transferências, que lhe permitem articular essas diversas atividades umas às outras; suficientemente específica também para que, apesar dessa dispersão, certo estilo e certos procedimentos comuns pudessem, sem muita dificuldade, distingui-la.

Na crítica, ninguém é titular, ninguém é o teórico. A crítica universal e radical não existe. A crítica em si e por sua própria conta não existe. Mas toda atividade de reflexão, de análise e de saber no Ocidente leva consigo a dimensão da crítica possível. Dimensão percebida, de uma só vez, como necessária, desejável, útil em todo caso; e que deixa insatisfeito, que não pode se deter sobre si própria, e que, por causa disso mesmo, suscita desconfiança e, justamente, crítica.

Crítica amada e mal-amada, zombaria ridicularizada; suas agressões são continuamente atacadas, por aquilo que ela ataca, posto que ela não faz senão atacar, e porque a lei de sua existência é ser ela mesma atacada.

Impaciência impacientemente suportada. O que é então no Ocidente esta impaciência na maneira de ser e de pensar? Essencial e precária, fugidia e permanente.

Essa obrigação sempre desconsiderada?

Para fazer a história dessa atitude crítica, há muitos caminhos. Quero apenas sugerir a vocês este, que é um caminho possível, eu repito, entre muitos outros. Proporia a seguinte variação: a pastoral cristã, ou a Igreja cristã, visto que desenvolvia uma atividade precisa e especificamente pastoral, desenvolveu a ideia – singular, eu creio, e inteiramente estranha à cultura antiga – de que cada indivíduo, qualquer que seja sua idade, seu estatuto, e de uma ponta a outra de sua vida, até nos detalhes de suas ações, devia ser governado e devia se deixar governar, isto é, ser dirigido para a própria salvação, por alguém que o liga numa relação global e, ao mesmo tempo, meticulosa, detalhada, de obediência.[3] E essa direção visando à salvação numa relação de obediência deve se fazer em uma tripla relação com a verdade: verdade entendida como dogma; verdade também na medida em que essa direção implica certo modo de conhecimento particular e individualizante dos indivíduos; e, enfim, na medida em que essa direção se estabelece como uma técnica refletida, comportando regras gerais, conhecimentos particulares, preceitos, métodos de exame,

---

3 Foucault estuda pela primeira vez o poder pastoral, como matriz do governo dos homens, em seu curso, no Collège de France, Segurança, Território, População, e, em especial, entre as aulas de 8 de fevereiro e de 1 de março de 1978. Ver STP, pp. 128–219 [pp. 157–304]. Nesse contexto, antes de abordar a pastoral cristã, Foucault se concentra no tema do pastorado entre os hebreus. Ver STP, pp. 128–33 [pp. 166–73]. Para uma explicação mais detalhada da razão pela qual, conforme Foucault, a relação pastor-rebanho não é considerada um bom modelo político da Antiguidade greco-romana, ver STP, pp. 140–51 [pp. 183–98]. Foucault retornará muitas vezes à análise do poder pastoral entre 1978 e 1979. Ver "La philosophie analytique de la politique", op. cit., pp. 548–50 ["A filosofia analítica da política", pp. 52–55]; "Sexualité et pouvoir", op. cit., pp. 560–66 ["Sexualidade e poder", pp. 65–71]; "'Omnes et singulatim': Vers une critique de la raison politique" [1981], in DE II, n. 291, pp. 955–68 ["'Omnes et singulatim': Uma crítica da razão política", pp. 361–72]. Ver igualmente "Le sujet et le pouvoir" [1982], in DE II, n. 306, pp. 1048–49 ["O sujeito e o poder", pp. 125–27].

confissão, conversas etc.[4] Afinal, não se deve esquecer que o que, durante séculos, chamou-se na Igreja grega *téchne téchnon*, e na Igreja romana *ars artium*, era precisamente a direção de consciência; era a arte de governar os homens.[5] Essa arte de governar decerto permaneceu por muito tempo ligada a práticas, por fim, relativamente limitadas, mesmo na sociedade medieval, ligada à existência conventual, digamos, praticada sobretudo em grupos espirituais relativamente restritos. [M: É verdade que ela perdeu recentemente muito de sua importância, de sua complexidade, e sobretudo de sua autonomia com relação às ciências humanas.] Mas creio que, a partir do século XV e desde antes da Reforma, pode-se dizer que houve uma verdadeira explosão da arte de governar os homens, explosão entendida em dois sentidos. Deslocamento, em primeiro lugar, relativo ao seu foco religioso, digamos, se me permitem, laicização, expansão, na sociedade civil, desse tema da arte de governar os homens e dos métodos para fazê-lo. E depois, em segundo lugar, multiplicação dessa arte de governar em domínios variados: como governar as crianças, como governar os pobres e os mendigos, como governar uma família, uma casa, como governar as forças armadas, como governar os diferentes grupos, as cidades, os Estados, como governar seu próprio corpo, como governar seu próprio espírito? "Como governar?", creio que essa foi uma das questões fundamentais disso que se passou no século XV ou XVI. Questão fundamental à qual respondeu a multiplicação de todas as artes de governar – arte pedagógica, arte política, arte econômica, por assim dizer – e

4 Na aula de 22 de fevereiro de 1978 de seu curso, no Collège de France, Segurança, Território, População, Foucault organiza a análise do pastorado cristão e a explicação de sua especificidade face ao tema hebraico do pastor em torno de três polos: a relação com a salvação, a relação com a lei (a instância da "obediência pura") e a relação com a verdade. Ver STP, pp. 170–87 [pp. 220–43]. Esses três elementos se reencontram, de maneira muito esquemática e às vezes com diferença de ênfase (como é o caso aqui, da conferência à Sociedade Francesa de Filosofia), em todos os outros lugares onde Foucault estuda a pastoral cristã.

5 Ver GV, 2012, pp. 51–52 [pp. 48–49], e Michel Senellart, in GV, p. 68, nota 9 [pp. 48–49, nota 9]

de todas as instituições de governo, no sentido amplo que tinha a palavra governo nessa época.[6]

Ora, dessa governamentalização, que me parece ser bastante característica dessas sociedades do Ocidente europeu no século XVI, não pode ser dissociada, ao que me parece, a questão: "Como não ser governado?". Eu *não* [sublinhado no M] quero dizer com isso que, à governamentalização, teria se oposto, de certa maneira, a afirmação contrária: "Nós não queremos ser governados, e nós não queremos ser governados *absolutamente*". Quero dizer que, nessa grande inquietude em torno da maneira de governar e na busca das maneiras de governar, localiza-se uma perpétua questão que seria: "Como não ser governado *desse modo*, por isso, em nome desses princípios, em vista de tais objetivos e por meio desses procedimentos, não desse modo, não para isso, não por eles?". E, se dermos a esse movimento de governamentalização, da sociedade e dos indivíduos, de uma só vez, a inserção histórica e a amplitude que acredito ter sido a sua, parece que podemos nos aproximar disso que se chamaria de atitude crítica. Diante das artes de governar, e como contrapartida – ou melhor, como parceiro e adversário, de uma só vez, como maneira de desconfiar delas, de recusá-las, de limitá-las, de encontrar-lhes uma justa medida, de transformá-las, de procurar escapar delas ou, em todo caso, deslocá-las, como uma reticência essencial, mas também e por aí mesmo como linha de desenvolvimento das artes de governar –, teria nascido na Europa nesse momento um tipo de forma cultural geral, de uma só vez atitude moral e política, maneira de pensar etc., e que eu chamaria simplesmente arte de não ser governado ou ainda arte de não ser governado desse modo e a esse preço. E eu proporia, então, como primeira definição da crítica, esta caracterização geral: a arte de não ser tão governado.

Vocês me dirão que essa definição é, ao mesmo tempo, muito geral, muito vaga, muito nebulosa. E é claro que é! Mas acredito mesmo assim que ela permite assinalar alguns pontos de

6 Sobre a "explosão" da arte de governar os homens fora do domínio religioso, ver STP, pp. 235–45 [p. 306] e "La philosophie analytique de la politique" [1978], pp. 550–51 ["A filosofia analítica da política", pp. 54–55].

ancoragem precisos a respeito disto que tento chamar de atitude crítica. Pontos de ancoragem históricos [M: a crítica tem uma genealogia], claro, e que poderíamos fixar assim:

1) Primeiro ponto de ancoragem: em uma época em que o governo dos homens era basicamente uma arte espiritual, ou uma prática essencialmente religiosa ligada à autoridade de uma Igreja, ao magistério de uma Escritura, não querer ser governado desse modo era fundamentalmente buscar na Escritura outra relação, desligada do ensinamento divino [M, em vez de "o ensinamento divino": a instituição religiosa]; não querer ser governado era certa maneira de rejeitar, recusar, limitar (chamem como quiserem) o magistério eclesiástico, era o retorno às Escrituras, era a questão daquilo que é autêntico na Escritura, daquilo que foi efetivamente escrito na Escritura, era a questão: "Qual é o tipo de verdade que diz a Escritura, como ter acesso a essa verdade da Escritura na Escritura e talvez apesar do escrito?", até que se chegue, enfim, à questão bem simples: "A Escritura é verdadeira?". E, em suma, de Wycliffe a Pierre Bayle, a crítica se desenvolveu por um lado, que creio capital e não exclusivo, claro, em relação à Escritura. Digamos que a crítica é historicamente bíblica.[7]
2) Não querer ser governado, é esse o segundo ponto de ancoragem, não querer ser governado desse modo é também não mais querer aceitar estas leis porque são injustas, porque, sob o fato de serem antigas ou sob o esplendor mais ou menos

7 Na aula de 1 de março de 1978 de seu curso, no Collège de France, Segurança, Território, População, Foucault analisa as cinco formas principais de "contracondutas pastorais" na Idade Média, entre as quais ele inclui o "problema da Escritura", isto é, "o retorno aos textos, o retorno à Escritura" com um objetivo antipastoral. Ver STP, p. 217 [pp. 283–84]. No debate que ocorreu após sua conferência à Sociedade Francesa de Filosofia, Foucault evoca também a mística como "uma das primeiras grandes formas de revolta no Ocidente" (infra, p. 73); para uma análise mais detalhada da mística enquanto "forma de contraconduta", ver STP, pp. 215–17 [pp. 282–83]. Sobre três formas de contraconduta "no interior do sistema moderno da governamentalidade" (a escatologia revolucionária, o direito absoluto à revolta, a nação como princípio que se opõe ao Estado), ver STP, pp. 363–65 [pp. 476–79].

ameaçador que lhes dá o soberano de hoje, elas escondem uma ilegitimidade essencial. A crítica é, então, desse ponto de vista, face ao governo e à obediência que ele demanda, defender direitos universais e imprescritíveis, aos quais todo governo, qualquer que seja, quer se trate do monarca, quer do magistrado, do educador, do pai de família, deverá se submeter. Em suma, por assim dizer, retornamos aqui ao problema do direito natural. [M: A crítica, originalmente, refere-se à natureza.] É certo que o direito natural não é uma invenção do Renascimento, mas ele assumiu, a partir do século XVI, uma função crítica que conservará sempre. À questão: "Como não ser governado?", ele responde dizendo: "Quais são os limites do direito de governar?". Digamos que aqui a crítica é essencialmente jurídica.

3) E, enfim, "não querer ser governado" é certamente não aceitar como verdade – passarei por isto muito rápido – o que uma autoridade diz ser verdade, ou pelo menos não o aceitar porque uma autoridade diz que é verdade, é não o aceitar senão quando nós mesmos consideramos como boas as razões para aceitá-lo. E, dessa maneira, a crítica fixa seu ponto de ancoragem no problema da certeza em face à autoridade.

A Bíblia, o direito, a ciência; a Escritura, a natureza, a relação consigo; o magistério, a lei, a autoridade do dogmatismo. Vê-se como o jogo da governamentalização e da crítica, uma em relação à outra, deu lugar a fenômenos que são, creio eu, capitais na história da cultura ocidental, quer se trate do desenvolvimento das ciências filológicas, quer se trate do desenvolvimento da reflexão, da análise jurídica, da reflexão metodológica. Mas, sobretudo, vê-se que o núcleo da crítica é essencialmente o feixe de relações que une um ao outro, ou um aos dois outros, o poder, a verdade e o sujeito.[8] E, se a governamentalização é bem esse movimento pelo qual se tratava, na própria realidade de uma prática social, de assujeitar indivíduos por meio de mecanismos de poder que reivindicam

8 Para uma definição análoga da crítica como "análise das condições históricas segundo as quais se constituíram as relações com a verdade, com a regra e consigo", ver "Préface à l'Histoire de la sexualité" [1984], in DE II, n. 340, p. 1399 ["Prefácio à História da sexualidade", p. 209].

para si uma verdade; ora, eu diria que a crítica é o movimento pelo qual o sujeito se dá o direito de interrogar a verdade sobre seus efeitos de poder e o poder sobre seus discursos de verdade; a crítica será a arte da inservidão voluntária, da indocilidade refletida. A crítica teria essencialmente por função o desassujeitamento no jogo disto que se poderia chamar, em poucas palavras, política da verdade.[9]

[M]

Se fiz esse rápido esboço da genealogia da "forma crítica", e se a coloquei diante do processo mais amplo de governamentalização, foi com certeza para situá-la em uma história que fosse além do momento kantiano e fazer dela algo completamente diferente da herança de um pensamento filosófico particular. Mas foi também para vinculá-la a esses elementos da vida religiosa, que me parecem tê-la marcado desde o início:

A crítica como questionamento da governamentalidade (sob suas formas gerais ou particulares), de seus princípios, métodos e resultados, lança a questão da salvação de todos e de cada um: salvação, felicidade eterna ou simplesmente alegria.

A crítica como suspensão dos efeitos combinados do poder e da verdade, operada por aquele que é sujeito desses mesmos efeitos (ou, devo dizer, o elemento assujeitado), essa crítica implica, para aquele que a opera, uma decisão. Uma decisão que não é, com relação à atividade crítica, uma voz fora de cena, uma escolha de carreira ou de área, cuja arbitrariedade permanece fora daquilo que foi escolhido, mas uma vontade permanente e definitiva, mesmo se ela tem a chance de chegar ao fim. É uma experiência no sentido pleno do termo, não importa se se expressa ou não em primeira pessoa, se segue os caminhos da dedução ou da pesquisa empírica – isso tudo é importante, claro, mas não desfaz nem enfraquece ou reduz a aspiração à crítica como atitude individual e decisória.

O enraizamento da crítica na história da espiritualidade cristã explica também que a atitude crítica não se contente, em geral, em

9 Para o uso da expressão "política da verdade", ver VS, 1976, p. 81 [p. 67] e "Entretien avec Michel Foucault" [1977], entrevista com A. Fontana e P. Pasquino, in DE II, n. 192, p. 160 ["Verdade e poder", p. 54].

demonstrar ou refutar, ela não fala com as paredes, ela se endereça; ela se endereça a todos e a cada um; busca constituir um consenso ou, em todo caso, uma comunidade de sábios ou de espíritos esclarecidos. Para ela, não basta ter dito, de uma vez por todas, o que ela tinha a dizer. É preciso fazer-se ouvir, encontrar aliados, converter à sua própria conversão, ter adeptos. Ela trabalha e batalha. Ou melhor, seu trabalho é inseparável de um combate contra duas ordens de coisas: por um lado, uma autoridade, uma tradição ou um abuso de poder; por outro, e de forma complementar, uma inércia, uma cegueira, uma ilusão, uma covardia. Em suma, contra o excesso e a favor do despertar.

Em poucas palavras: a crítica é a atitude de colocar em questão o governo dos homens, entendido como o conjunto dos efeitos combinados de verdade e de poder, e isso na forma de um combate que, a partir de uma decisão individual, dá-se o objetivo de salvar a totalidade.

Essa definição, apesar de seu caráter por vezes empírico, aproximado, deliciosamente distante em relação ao espaço que sobrevoa, eu teria a ousadia de pensar que ela não é muito diferente daquela dada por Kant: não a da crítica, mas de outra coisa. Ela não está muito longe, é certo, da definição que ele dava de *Aufklärung*. É característico, com efeito, que, no seu texto de 1784 sobre o que é a *Aufklärung*,[10] ele a tenha definido em relação a certo estado de

10 Ver Immanuel Kant, "Resposta à pergunta: Que é 'Esclarecimento' ['Aufklärung']?", in E. Carneiro Leão (org.), *Immanuel Kant – textos seletos*, trad. Floriano de Sousa Fernandes. Petrópolis: Vozes, 1985, pp. 100–16. Além da conferência à Sociedade Francesa de Filosofia, Foucault trata longamente desse texto de Kant na aula inaugural do curso, no Collège de France, O Governo de Si e dos Outros; ver GSA, pp. 8–38 [pp. 3–24], sendo que uma parte dessa aula foi selecionada e publicada sob a forma de um artigo em 1984 (ver "Qu'est-ce que les Lumières?" [1984], in DE II, n. 351, pp. 1498–1507), e em "What is Enlightenment?" [1984], in DE II, n. 339, pp. 1381–97 ["O que são as Luzes?", pp. 335–51]. Mas ele faz referência ao texto em muitas outras ocasiões: ver "Introduction par Michel Foucault" [1978], in DE II, n. 219, pp. 431–33 ["Introdução por Michel Foucault", pp. 427–30]; "Pour une morale de l'inconfort" [1979], in DE II, n. 266, p. 783 ["Para uma moral do desconforto", p. 279]; "Postface" [1980], in DE II, n. 279, pp. 855–56 ["Posfácio de *L'impossible prison*", p. 354]; "Le sujet et le pouvoir", op. cit., pp. 1050–51 ["O sujeito e o poder", p. 127]; "Structuralisme et poststructuralisme" [1983], entrevista com G. Raulet, in DE II, n. 330, pp. 1257, 1267 ["Estruturalismo e pós-estruturalismo",

menoridade no qual estaria mantida, e mantida autoritariamente, a humanidade. Em segundo lugar, ele definiu essa menoridade, ele a caracterizou por certa incapacidade na qual a humanidade estaria mantida, incapacidade essa de se servir de seu próprio entendimento sem a direção de um outro, e ele emprega *leiten* [dirigir], que tem um sentido religioso historicamente bem definido. Em terceiro lugar, creio que é característico que Kant tenha definido essa incapacidade como certa correlação entre uma autoridade que se exerce e que mantém a humanidade nesse estado de menoridade, correlação entre esse excesso de autoridade e, por outro lado, alguma coisa que ele considera, que chama de uma falta de decisão e de coragem.[11] E, em consequência disso, a definição da *Aufklärung* não vai ser apenas um tipo de definição histórica e especulativa; haverá nela alguma coisa que seria um tanto ridículo, sem dúvida, chamar de pregação, mas é, em todo caso, um chamado à coragem que ele lança nessa descrição da *Aufklärung*. Não se deve esquecer que era um artigo de jornal. Teria que ser feito um estudo sobre as relações da filosofia com o jornalismo a partir do fim do século XVIII... A menos que já se tenha feito, mas não estou certo... É muito interessante ver a partir de que momento os filósofos intervêm nos jornais para dizer alguma coisa que é para eles filosoficamente interessante e que, entretanto, inscreve-se dentro de certa relação com o público, com efeitos de apelo.[12] E, enfim, é característico que,

---

pp. 314, 324–25]; "La vie: L'éxperience et la science" [1985], in DE II, n. 361, pp. 1584–87 ["A vida: A experiência e a ciência", pp. 354–57]; "La technologie politique des individus" [1988], in DE II, n. 364, pp. 1632–33 ["A tecnologia política dos indivíduos", p. 301]. Ver também "A cultura de si", infra, pp. 81–88; e o excerto de um debate organizado à ocasião das "Tanner Lectures" que Foucault realizou na Universidade de Stanford em outubro de 1979.

11 Ver I. Kant, "Resposta à pergunta: Que é 'Esclarecimento' ['Aufklärung']?", op. cit., p. 100: "Esclarecimento [*Aufklärung*] é a saída do homem de sua menoridade, da qual ele próprio é culpado. A menoridade é a incapacidade de fazer uso de seu entendimento sem a direção de outro indivíduo [...] tal é o lema do esclarecimento". Para um comentário mais detalhado desse primeiro parágrafo do artigo de Kant, ver GSA, pp. 25–28 [pp. 25–28].

12 Na introdução à tradução americana de *Le normal et le pathologique*, de Georges Canguilhem, escrita em janeiro de 1978 (ver D. Defert, "Chronologie", op. cit., p. 73 ["Cronologia", pp. 50–51]), Foucault afirma que os textos publicados por Moses Mendelssohn e Kant em *Berlinische Monatsschrift*, em 1784,

nesse texto da *Aufklärung*, Kant dê como exemplos de permanência da humanidade na menoridade e, por consequência, como exemplos de pontos sobre os quais a *Aufklärung* deve elevar esse estado de menoridade e majorar de algum modo os homens, precisamente a religião, o direito e o conhecimento.[13]

Isso que Kant descrevia como a *Aufklärung* é bem o que eu tentava há pouco descrever como a crítica, como essa atitude crítica que vemos aparecer como atitude específica no Ocidente a partir, creio eu, disso que foi historicamente o grande processo de governamentalização da sociedade. E, em relação a essa *Aufklärung* (cujo lema, como vocês bem sabem e que é evocado por Kant, é "*sapere aude*", não sem que outra voz, aquela de Frederico II, diga em contraponto: "que eles pensem tanto quanto queiram, desde que obedeçam"[14]), em todo caso, em relação a essa *Aufklärung*, como Kant vai definir a crítica? Ou, em todo caso,

---

"inauguram um 'jornalismo filosófico' que foi, com o ensino universitário, uma das duas grandes formas de implantação institucional da filosofia no século XIX". Nessa introdução, entretanto, Foucault liga explicitamente o tema do "jornalismo filosófico" com o problema da análise do "momento presente", um problema que, na presente conferência, ele deixa de lado. Ver "Introduction par Michel Foucault", op. cit., p. 431 ["Introdução por Michel Foucault", pp. 427–28]. Ver igualmente "Pour une morale de l'inconfort", op. cit., p. 783 ["Para uma moral do desconforto", pp. 279–80]: "É preciso inscrever essa singular pesquisa na história do jornalismo ou da filosofia? Sei, somente que não há muitas filosofias, desde esse momento, que não girem em torno da questão: 'O que somos nesta hora? Qual é este momento tão frágil do qual não podemos separar nossa identidade e que a levará com ele?'. Essa questão é, também, a do ofício do jornalista. A preocupação em dizer o que se passa [...] não é tão afetada pelo desejo de saber como isso pode se passar, em todo lugar e sempre; mas pelo desejo de adivinhar o que se esconde sob esta palavra precisa, flutuante, misteriosa, absolutamente simples: 'Hoje'". Retomando e modificando a sua *Introdução* à tradução para o inglês de *O normal e o patológico* para um número especial da *Revue de méthaphysique et de morale* de abril de 1984 e dedicado a Canguilhem, Foucault insiste sempre na questão do momento presente e da atualidade, mas decide suprimir a referência ao "jornalismo filosófico". Ver "La vie: L'expérience et la science", op. cit., pp. 1584–85 ["A vida: A experiência e a ciência", pp. 355–56].

13 Ver I. Kant, "Resposta à pergunta: Que é 'Esclarecimento' ['Aufklärung']?", op. cit., pp. 100–02, 106–12.

14 Ver ibid., pp. 104, 112. Ver igualmente GSA, pp. 37–38 [pp. 36–37] e "What is Enlightenment", op. cit., pp. 1384–85 ["O que são as Luzes?", pp. 338–40].

como não tenho a pretensão de retomar o projeto crítico kantiano em seu rigor filosófico, eu não me permitiria perante semelhante auditório de filósofos, não sendo eu mesmo filósofo, sendo quando muito um crítico, em relação a essa *Aufklärung*, como se poderia situar *a crítica* propriamente dita? Se efetivamente Kant chama de "*Aufklärung*" todo esse movimento crítico que precedeu, como ele irá situar o que entende por crítica? Eu diria, e estas são coisas completamente infantis, que, em relação à *Aufklärung*, a crítica será, aos olhos de Kant, quem irá dizer ao saber: você sabe bem até onde você pode saber? Pense tanto quanto queira, mas você sabe bem até onde pode pensar sem perigo? A crítica dirá, em suma, que a nossa liberdade advém menos daquilo que nós empreendemos, com mais ou menos coragem, do que da ideia que nós próprios fazemos de nosso conhecimento e de seus limites, e que, por consequência, no lugar de deixar ser dito por outro "*obedeçam*", é nesse momento, quando se terá feito do próprio conhecimento uma ideia justa, que se poderá descobrir o princípio da autonomia e que não se ouvirá mais o *obedeçam*; ou melhor, que o *obedeçam* será fundado sobre a própria autonomia.

Eu não pretendo mostrar a oposição que haveria em Kant entre a análise da *Aufklärung* e o projeto crítico. Seria, creio eu, fácil de mostrar que, para o próprio Kant, essa verdadeira "coragem de saber" [entre aspas no M] invocada pela *Aufklärung*, essa mesma coragem de saber, ela consiste em reconhecer os limites do conhecimento; e seria fácil mostrar que para ele a autonomia está longe de ser oposta à obediência aos soberanos. Mas não resta dúvida de que Kant conferiu à crítica, na sua empresa de desassujeitamento em relação ao jogo do poder e da verdade, a tarefa primordial, como prolegômenos a toda *Aufklärung* presente e futura, de conhecer o conhecimento.

[M]

Resta também que ele fez da presunção da razão, de sua incapacidade de manter-se dentro de seus limites, de sua ingenuidade ao esquecer suas determinações originárias, o princípio do dogmatismo-despotismo: ao ponto de introduzir na atitude crítica essa fissura, essa clivagem que faz com que aquilo mesmo que permite não ser governado (ou ao menos delimitar tal governo) é talvez exatamente isso que em nós "nos governa" sem que saibamos e que nos faz cair na heteronomia do despotismo. E se nós fôssemos governados sem que soubéssemos? Se aquilo que nos serve para lutar contra o que nos governa nos submetesse a uma forma de governamentalização infinita – aquela que se exerce em nome da razão?

Daqui o movimento de recuo da crítica com relação à *Aufklärung*, ou, se quisermos, da segunda atitude crítica com relação à primeira: ingenuidade da *Aufklärung* cuja consciência irrefletida preparava, em nome dos direitos naturais de todo sujeito racional, a extensão e a intensificação de todos os efeitos de despotismo-dogmatismo.

Eu não gostaria de insistir mais nas implicações desse tipo de defasagem entre *Aufklärung* e crítica que Kant quis assim destacar. Gostaria só de insistir nesse aspecto histórico do problema que nos é sugerido pelo que se passou no século XIX. A história do século XIX deu muito mais motivos para a continuação do empreendimento crítico, como Kant o havia situado em um tipo de recuo em relação à *Aufklärung*, do que de algo como a própria *Aufklärung*. Dito de outra maneira, a história do século XIX – e, certamente, a história do século XX mais ainda – parecia, se não dar razão a Kant, ao menos oferecer uma ocasião concreta a essa nova atitude crítica, atitude recuada em relação à *Aufklärung*, cuja possibilidade havia sido aberta por Kant.

Essa ocasião histórica, que parecia ter sido ofertada à crítica kantiana muito mais do que à coragem da *Aufklärung*, não passava da reunião destes três traços fundamentais: em primeiro lugar, uma ciência positivista, ou seja, fundamentalmente confiante em si mesma, ainda que cuidadosamente crítica com relação a cada um de seus resultados. Em segundo lugar, o desenvolvimento de um Estado ou de um sistema estatal que se dava ele próprio como razão e como racionalidade profunda da História [M: na medida em que ele tem o encargo de dar corpo e autonomia às nacionalidades] e que, por outro lado, escolheu como instrumentos os procedimentos de racionalização da economia e da sociedade. A partir disso, temos o terceiro traço, na costura desse positivismo científico e do desenvolvimento dos Estados: uma ciência do Estado ou um estatismo, como preferirem. Tece-se entre eles toda uma malha de relações estreitas na medida em que a ciência irá exercer um papel cada vez mais determinante no desenvolvimento das forças produtivas; na medida em que, por sua vez, os poderes de tipo estatal irão se exercer cada vez mais através de conjuntos técnicos refinados. Daí o fato de que a questão de 1784, "*O que* é *a Aufklärung?*", ou sobretudo a maneira como Kant tentou situar seu empreendimento crítico em relação a essa questão e à resposta que ele dava, daí essa interrogação a respeito das relações entre *Aufklärung* e crítica tomar legitimamente o aspecto de uma desconfiança ou, em todo caso, de uma interrogação cada vez mais suspeitosa: por quais excessos de poder, por qual governamentalização, tão mais incontornável porque justificada de modo racional, essa razão não é, ela mesma, historicamente responsável?

Ora, o destino dessa questão, creio eu, não foi exatamente o mesmo na Alemanha e na França, e isso se deve a razões históricas que devem ser analisadas, já que são complexas.[15]

Pode-se dizer, *grosso modo*, o seguinte: talvez seja por conta do desenvolvimento recente de um belo Estado inteiramente novo e racional na Alemanha, mais do que devido à antiquíssima filiação das universidades e da *Wissenschaft* [ciência] às estruturas administrativas e estatais, que surge essa suspeita de existir alguma coisa na racionalização e talvez na própria razão que é responsável pelo excesso de poder. Enfim, parece-me que essa suspeita se

15 A mesma confrontação do "destino" da questão da *Aufklärung* na Alemanha e na França encontra-se também em "Introduction par Michel Foucault", op. cit., pp. 431–33 ["Introdução por Michel Foucault", p. 428], na qual Foucault sustenta que "a filosofia alemã lhe deu corpo sobretudo em uma reflexão histórica e política sobre a sociedade", enquanto, na França, foi "a história das ciências que serviu de suporte à questão filosófica da *Aufklärung*". Ver também "Structuralisme et poststructuralisme", op. cit., p. 1257 ["Estruturalismo e pós-estruturalismo", pp. 314–15] e "La vie: L'expérience et la science", op. cit., pp. 1585–87 ["A vida: A experiência e a ciência", pp. 356–57].

desenvolveu sobretudo na Alemanha e digamos, para ser ainda mais breve, que se desenvolveu sobretudo no que se poderia chamar de uma esquerda alemã. Em todo caso, da esquerda hegeliana à Escola de Frankfurt, houve toda uma crítica ao positivismo, ao objetivismo, à racionalização, à *téchne* e à tecnicização, toda uma crítica às relações entre o projeto fundamental da ciência e a técnica que tem por objetivo fazer aparecer os elos entre uma presunção ingênua da ciência, por um lado, e os modos de dominação próprios à forma da sociedade contemporânea, por outro. Para tomar como exemplo aquele que, de todos, sem dúvida foi o mais afastado disto que se poderia chamar de uma crítica de esquerda, não se pode esquecer que Husserl, em 1936, relacionava a crise contemporânea da humanidade europeia a alguma coisa ali onde estavam em questão as relações do conhecimento com a técnica, da *epistéme* com a *téchne*.[16]

Na França, as condições de exercício da filosofia e da reflexão política foram muito diferentes, e, por conta disso, a crítica da razão presunçosa e de seus efeitos específicos de poder não parece ter sido conduzida da mesma forma [M: exceto por uma fração de pensadores que ficaram isolados ou marginalizados]. E seria, penso eu, no campo de certo pensamento de direita, ao longo do século XIX e do século XX, que se reencontraria essa mesma denúncia histórica da razão ou da racionalização em nome dos efeitos de poder que ela traz consigo. Em todo caso, o bloco constituído pelo Iluminismo e pela Revolução impediu, sem dúvida, de uma maneira geral, que se colocasse real e profundamente em questão essa relação entre racionalização e poder; talvez também o fato de a Reforma – ou seja, isso que creio ter sido, em suas raízes muito profundas, o primeiro movimento crítico como arte de não ser governado – não ter tido na França a amplitude e o sucesso que conheceu na Alemanha fez sem dúvida com que, na França, essa noção de *Aufklärung*, com todos os problemas que ela colocava, não tivesse uma significação tão ampla e, além disso, jamais tenha se tornado uma referência histórica de tão grande alcance quanto na Alemanha. Digamos que, na França,

16 Ver Edmund Husserl, *A crise das ciências europeias e a fenomenologia transcendental: Uma introdução à filosofia fenomenológica* [1936], trad. Diogo Falcão Ferrer. Rio de Janeiro: Forense Universitária, 2012.

acabamos por nos contentar com certa valorização política dos filósofos do século XVIII ao mesmo tempo que desqualificávamos o pensamento do Iluminismo como um episódio menor na história da filosofia. Na Alemanha, ao contrário, isso que se entendia por *Aufklärung* era considerado, bem ou mal, pouco importa, certamente como um episódio importante, uma espécie de manifestação evidente da destinação profunda da razão ocidental. Na *Aufklärung* e em todo este período que, em suma, do século XVI ao XVIII, serve de referência a essa noção de *Aufklärung*, tentou-se decifrar, reconhecer a tendência mais acentuada da razão ocidental, enquanto a política à qual ela estava ligada tornou-se objeto de um exame desconfiado. Tal é, por assim dizer, *grosso modo*, o quiasma que caracteriza a maneira como, na França e na Alemanha, o problema da *Aufklärung* foi posto durante o século XIX e em toda a primeira metade do século XX.

Ora, eu acredito que a situação na França mudou ao longo dos últimos anos; e que, de fato, esse problema da *Aufklärung* (que foi tão importante para o pensamento alemão desde Mendelssohn, Kant, passando por Hegel, Nietzsche, Husserl, a Escola de Frankfurt etc.) chegou, na França, parece, a uma época em que precisamente esse problema da *Aufklärung* pode ser retomado em uma proximidade bastante significativa com, digamos, os trabalhos da Escola de Frankfurt. Para ser bem breve, digamos que – e isto não é surpreendente – é da fenomenologia e dos problemas postos por ela que ressurgiu a questão sobre o que é a *Aufklärung*. Ela ressurgiu, com efeito, a partir da questão do sentido e disto que pode constituir o sentido. Como foi possível haver o sentido a partir do não sentido? Como o sentido aparece? Questão que, como bem se nota, é complementar a esta outra: como foi possível que o grande movimento da racionalização tenha nos conduzido a tanta balbúrdia, a tanto furor, a tanto silêncio e a mecanismos sombrios? Afinal, não se deve esquecer que *A náusea*[17] é, com poucos meses de diferença, contemporânea da *Krisis*.[18] E é pela análise

17 Ver Jean-Paul Sartre, *A náusea* [1938], trad. Rita Braga. Rio de Janeiro: Nova Fronteira, 1996.

18 Ver E. Husserl, *A crise das ciências europeias e a fenomenologia transcendental*, op. cit.

pós-guerra disso, a saber, de que o sentido não se constitui senão por sistemas de coações característicos da maquinaria significante; é, me parece, pela análise desse fato, de que não há sentido senão pelos efeitos de coerção próprios das estruturas, que, por um estranho atalho, o problema entre *ratio* e *poder* retornou. Eu penso igualmente (e isto seria um estudo a se fazer, sem dúvida) que as análises da história das ciências, toda essa problematização da história das ciências (que, também ela, enraíza-se, sem dúvida, na fenomenologia, que na França seguiu toda uma outra história através de Cavaillès, através de Bachelard e através de Georges Canguilhem), parece-me que o problema histórico da historicidade da ciência não deixa de ter certas relações e analogias, não deixa de fazer, até certo ponto, eco a esse problema da constituição do sentido: como nasce, como se forma essa racionalidade, a partir de algo que é totalmente outra coisa? Eis a recíproca e o inverso do problema da *Aufklärung*: como é que a racionalização pode conduzir ao furor do poder?

Ora, parece que, sejam essas pesquisas sobre a constituição do sentido com a descoberta de que o sentido não se constitui senão pelas estruturas de coerção do significante, sejam as análises feitas sobre a história da racionalidade científica com os efeitos de coerção relacionados à sua institucionalização e à constituição de modelos, tudo isso, todas essas pesquisas históricas não fizeram outra coisa, parece-me, senão reduzir numa visão estritamente acadêmica[19] o que foi, afinal, o movimento de fundo de nossa história já faz um século. Porque, de tanto alardearmos que nossa organização social ou econômica carecia de racionalidade, nós nos encontramos eu não sei se diante de muita ou pouca razão, em todo caso, certamente, diante de poder demais; de tanto ouvirmos cantar as promessas da revolução, eu não sei se aí onde ela se produziu ela é boa ou má, mas nós nos encontramos, nós, diante da inércia de um poder que se manteve indefinidamente; e de tanto ouvirmos alardear a oposição entre as ideologias da violência e a verdadeira teoria científica da sociedade, do proletariado

19 No original: "*toutes ces recherches historiques n'ont fait, me semble-t-il, que recouper comme par un jour étroit et comme à travers une sorte de meurtrière universitaire*". [N. T.]

e da história, nós nos reencontramos com duas formas de poder que se assemelhavam como dois irmãos: fascismo e stalinismo. Retorno, consequentemente, à questão: *o que é a Aufklärung*? E reativa-se, assim, a série de problemas que tinham marcado as análises de Max Weber: o que se dá nessa racionalização que, conforme percebemos, caracteriza não somente o pensamento e a ciência ocidentais desde o século XVI mas também as relações sociais, as organizações estatais, as práticas econômicas e talvez até o comportamento dos indivíduos? O que se passa nessa racionalização, em seus efeitos de coerção e talvez de obnubilação, de implantação massiva e crescente e jamais radicalmente contestada, de um vasto sistema científico e técnico?

Esse problema, que nós somos obrigados, na França, a carregar novamente sobre nossos ombros, esse problema *do que é a Aufklärung*, pode ser abordado por diferentes caminhos. E o caminho pelo qual gostaria de abordá-lo, eu não retraço absolutamente – e gostaria que vocês acreditassem em mim – em um espírito de polêmica nem de crítica. Eu detesto a polêmica[20] e, quanto à crítica, não tenho talento para ela. Duas razões, consequentemente, fazem com que eu não procure nada além de marcar as diferenças e, de algum modo, ver até onde se pode multiplicar, dividir, demarcar umas em relação às outras, desmontar, por assim dizer, as formas de análise desse problema da *Aufklärung*, que é talvez, afinal, o problema da filosofia moderna.

Eu gostaria desde já, abordando esse problema que nos irmana à Escola de Frankfurt,[21] de notar que, de todo modo, fazer da

---

20 Ver o que Foucault diz da "polêmica" e do "polemista", ao afastar-se de ambos muito claramente, em "Polemique, politique et problématisations" [1984], entrevista com P. Rabinow, in DE II, n. 342, pp. 1410–12 ["Polêmica, política e problematizações", pp. 225–27].

21 Em seus textos consagrados a Kant e à questão da *Aufklärung*, Foucault reivindica diversas vezes uma proximidade entre o seu próprio trabalho e aquele da Escola de Frankfurt. Ver GSA, p. 22 [p. 22]; "Qu'est-ce que les Lumières?", op. cit., p. 1507; "La technologie politique des individus", op. cit., p. 1633 ["A tecnologia política dos indivíduos", p. 301]. Ver igualmente o trecho do debate que se seguiu à palestra "A cultura de si" (infra, pp. 82–84, nota 5), em que Foucault afirma fazer parte da mesma "família filosófica" que a Escola de Frankfurt, e a entrevista "Structuralisme et poststructuralisme" [1983] (op. cit., p. 1258 ["Estruturalismo e pós-estruturalismo", p. 315]), em que ele irá até mesmo declarar que "se eu

Aufklärung a questão central, isso, sem dúvidas, quer dizer uma série de coisas. Quer dizer, inicialmente, engajar-se em certa prática considerada histórico-filosófica, que não tem nada a ver com a filosofia da história e a história da filosofia, certa prática histórico-filosófica e, com isso, quero dizer que o domínio de experiência ao qual esse trabalho filosófico se refere não exclui absolutamente nenhum outro. Não é a experiência interior, não são as estruturas fundamentais do conhecimento científico, mas tampouco é um conjunto de conteúdos históricos elaborados alhures, preparados pelos historiadores e acolhidos prontos [*tout faits*] como fatos [*faits*].[22] Trata-se, na verdade, nessa prática histórico-filosófica, de fazer [*faire*] a sua própria história, de *fabricar* [sublinhado no M] como uma ficção[23] a história que seria atravessada pela questão das relações entre as estruturas de racionalidade que articulam o discurso verdadeiro e os mecanismos de assujeitamento que estão ligados a ele, questão, bem se vê, que desloca os objetos

---

tivesse podido conhecer a Escola de Frankfurt, se eu a tivesse conhecido nessa época, muito trabalho me teria sido poupado, muitas bobagens eu não teria dito e muitos desvios eu não teria feito".

22 Em sua resposta a Maurice Agulhon, publicada como um posfácio a M. Perrot (org.), *L'impossible prison* (Paris: Seuil, 1980), Foucault sugere dar início a "uma grande inquirição histórica" sobre o modo como a *Aufklärung* – "nosso mais 'atual passado'" – foi "percebida, pensada, vivida, imaginada, conjurada, anatemizada, reativada, na Europa dos séculos XIX e XX", ao falar a respeito de um "trabalho 'histórico-filosófico' interessante" em que "as relações entre historiadores e filósofos poderiam nele ser experimentadas". Ver "Postface", op. cit., p. 856 ["Posfácio de *L'impossible prison*", p. 354].

23 Em uma entrevista concedida em 1979, Foucault afirma praticar "uma espécie de ficção histórica", que um historiador poderia, então, legitimamente criticar, pois "aquilo que digo não é a verdade"; mas ele explica que tenta "provocar uma interferência entre a nossa realidade e o que sabemos de nossa história passada", a fim de produzir "reais efeitos em nossa história presente", se bem que ele espere que "a verdade" de seus livros estará "no porvir". Ver "Foucault étudie la raison d'État" [1979], entrevista com M. Dillon, in DE II, n. 272 p. 805 ["Foucault estuda a razão de Estado", pp. 321–22]. Acerca dessa noção de ficção histórica, ver igualmente "Les rapports de pouvoir passent à l'intérieur des corps" [1977], entrevista com L. Finas, in DE II, n. 197, p. 236 ["As relações de poder passam para o interior dos corpos", p. 43] e "Entretien avec Michel Foucault" [1978], entrevista com D. Trombadori, in DE II, n. 281, pp. 863–64 ["Conversa com Michel Foucault", p. 292].

históricos habituais e familiares aos historiadores em direção ao problema do sujeito e da verdade, do qual os historiadores não se ocupam. Vemos também que essa questão investe o trabalho filosófico, o pensamento filosófico, a análise filosófica de conteúdos empíricos desenhados precisamente por ela. Daí, pode-se dizer que os historiadores, diante desse trabalho histórico ou filosófico, dirão: "Sim, sim, com certeza, talvez". Em todo caso nunca é exatamente isso, dado o efeito de interferência devido a esse deslocamento em direção ao sujeito e à verdade do qual eu falava. E que os filósofos, mesmo se nem todos assumem ares de galinha ofendida,[24] em geral pensam: "A filosofia, apesar de tudo, é realmente outra coisa", e isso devido ao efeito de queda, devido a esse retorno a uma empiricidade que nem sequer é, por si, garantida por uma experiência interior.

Concedamos a essas vozes próximas toda a importância que elas têm, que não é pequena. Elas indicam, ao menos negativamente, que estamos no caminho certo, ou seja, que, por meio de conteúdos históricos que elaboramos e aos quais estamos ligados porque são verdadeiros ou porque valem como verdadeiros, colocamos a questão: o que sou eu então, eu que pertenço a esta humanidade, talvez a esta margem, a este momento, a este instante de humanidade que está assujeitado ao poder da verdade em geral e das verdades em particular? Dessubjetivar a questão filosófica pelo recurso ao conteúdo histórico, libertar os conteúdos históricos interrogando os efeitos de poder de que essa verdade os imbui – verdade essa que supostamente os reergue – é, por assim dizer, a primeira característica dessa prática histórico-filosófica. [M: Digamos: sem ponto fixo, sem [verdade] apodítica, sem resultado definitivo – um movimento que não faz outra coisa senão se mover.] Por outro lado, essa prática se encontra, evidentemente, em uma relação privilegiada com certa época determinável de modo empírico: mesmo sendo relativa e necessariamente imprecisa, essa época é, decerto, designada como momento de formação da humanidade moderna,

24 No original, "*pintades offensées*". Expressão impossível de traduzir. Equivale a "fazer ares de ofendido". Na tradução, empregou-se a palavra "galinha", porque Henri Birault irá utilizá-la em tom jocoso durante o debate que se segue à conferência. [N. T.]

Aufklärung, no sentido amplo do termo ao qual se referiam Kant, Weber etc., período sem datação fixa [M, em vez de "período sem datação fixa": período de datação flexível], de múltiplos acessos, já que podemos defini-lo tanto pela formação do capitalismo quanto pela constituição do mundo burguês, pela emergência de sistemas estatais, pela fundação da ciência moderna com todos os seus correlatos técnicos, pela organização de um vis-à-vis entre a arte de ser governado e aquela de não ser tão governado.[25] Privilégio de fato, por consequência, para o trabalho histórico-filosófico acerca desse período, já que foi nele que, de alguma maneira, apareceram, à flor da pele e na superfície das transformações visíveis, essas relações entre poder, verdade e sujeito que tratamos de analisar.[26] Mas privilégio também no sentido de que se trata de formar, a partir daí, uma matriz para o percurso de toda uma série de outros domínios possíveis. Digamos, se me permitem, que não é porque privilegia-se o século XVIII, porque há interesse por ele, que se encontra o problema da *Aufklärung*; eu diria que é porque se quer fundamentalmente colocar o problema "O que é a *Aufklärung*?" que se encontra o esquema [M, em vez de "esquema": limiar] histórico de nossa modernidade. Não se tratará de dizer que os gregos do século V são um pouco como os filósofos do século XVIII, ou que

25 No artigo de 1984 sobre Kant e a *Aufklärung* publicado nos Estados Unidos, Foucault propõe "considerar a modernidade mais como uma atitude do que como um período da história", ou seja, como "um modo de relação que concerne à atualidade; uma escolha voluntária que é feita por alguns; enfim, uma maneira de pensar e de sentir, uma maneira também de agir e de se conduzir que, tudo ao mesmo tempo, marca uma pertinência e se apresenta como uma tarefa". Ver "What is Enlightenment?", op. cit., p. 1387 ["O que são as Luzes?", pp. 341–42].

26 A análise das relações entre poder, verdade e sujeito constitui o coração dos trabalhos foucaultianos dos anos 1970 e 1980, a tal ponto que, entre 1983 e 1984, Foucault reconstrói retrospectivamente seu próprio percurso intelectual organizando-o em torno desses três polos ou "eixos". Ver, por exemplo, GSA, pp. 4–7 [pp. 4–8] e "Préface à l'Histoire de la sexualité", op. cit., pp. 1400–02 ["Prefácio à História da sexualidade", pp. 210–12]. Ademais, é bastante significativo que Foucault, na aula inaugural do seu curso, no Collège de France, A Coragem da Verdade, apresente seu estudo da *parresía* precisamente como uma maneira de analisar "a articulação entre os modos de veridicção, as técnicas de governamentalidade e as práticas de si", ou seja, como uma maneira de estudar "as relações entre verdade, poder e sujeito sem nunca as reduzir umas às outras". Ver CV, p. 10 [pp. 9–10].

o século XII já era uma espécie de Renascimento, mas sim de tentar ver sob quais condições, ao preço de quais modificações ou de quais generalizações pode-se aplicar, ao momento histórico que seja, essa questão da *Aufklärung*, a saber, das relações entre os poderes, a verdade e o sujeito.

Tal é o quadro geral dessa pesquisa que eu chamaria de histórico-filosófica. Como se pode conduzi-la agora?

—

Eu dizia há pouco que queria, em todo caso, traçar muito vagamente outras vias além daquelas que me parecem ter sido, até o presente, as mais habitualmente traçadas. O que não é, de modo algum, acusá-las de não levarem a nada, nem de não darem nenhum resultado válido. Eu queria apenas dizer e sugerir o seguinte: parece-me que essa questão da *Aufklärung*, desde Kant, por causa de Kant e verossimilmente por causa dessa defasagem entre *Aufklärung* e crítica que ele introduziu, foi essencialmente posta em termos de conhecimento, ou seja, partiu disso que foi o destino histórico do conhecimento no momento da constituição da ciência moderna; ou seja, ainda, foi em busca daquilo que, já nesse destino, marcava os efeitos de poder indefinidos aos quais ela estaria necessariamente ligada pelo objetivismo, positivismo, tecnicismo etc., relacionando esse conhecimento com as condições de constituição e de legitimidade de todo conhecimento possível, e enfim em busca de saber como, na história, havia se operado a passagem para fora da legitimidade (ilusão, erro, esquecimento, ocultação etc.). Resumindo, é o procedimento de análise que me parece, no fundo, ter sido adotado com a defasagem da crítica em relação à *Aufklärung* operada por Kant. Parece-me que, a partir daí, temos um procedimento de análise que é, no fundo, o que se seguiu com mais frequência, procedimento de análise que se pode chamar de uma investigação sobre a legitimidade dos modos históricos do conhecer. É assim, em todo caso, que certo número de filósofos do século XVIII, é assim que Dilthey, Habermas etc. entenderam-no. Em termos ainda mais simples: que falsa ideia o conhecimento fez de si mesmo e a qual uso excessivo ele se encontrou exposto, a qual dominação, por consequência, ele se viu ligado? [M: Isso é justamente pôr em prática a questão kantiana.]

Pois bem, em vez desse procedimento que toma a forma de uma investigação sobre a legitimidade dos modos históricos do conhecer, poderíamos talvez considerar um procedimento diferente. Ele poderia tomar como acesso à questão da *Aufklärung* não o problema do conhecimento, mas o do poder; esse procedimento avançaria não como uma investigação sobre a legitimidade, mas como uma coisa que eu chamaria de uma prova de *acontecimentalização*.[27] Perdoem-me o horror da palavra! E, desde já, o que ela quer dizer? Isto que eu entenderia por procedimento de acontecimentalização, mesmo que os historiadores possam gritar de horror, seria o seguinte: em primeiro lugar, tomar conjuntos de elementos em que se pode assinalar, numa primeira aproximação, e, logo, de maneira totalmente empírica e provisória, conexões entre mecanismos de coerção e conteúdos de conhecimento. Mecanismos de coerção diversos, talvez também conjuntos legislativos, regulamentos, dispositivos materiais, fenômenos de autoridade etc.; conteúdos de conhecimento a serem tomados igualmente na sua diversidade e na sua heterogeneidade, e que serão retidos em função dos efeitos de poder de que são portadores na medida em que são validados como parte de um sistema de conhecimento. O que se procura, então, não é saber o que é verdadeiro ou falso, fundado ou infundado, real ou ilusório, científico ou ideológico, legítimo ou abusivo. Procura-se saber quais elos, quais conexões podem ser assinaladas entre mecanismos de coerção e elementos de conhecimento, quais jogos de remissão e de apoio se desenvolvem de uns aos outros, o que faz com que tal elemento de conhecimento possa assumir efeitos de poder atribuídos, em um tal sistema, a um elemento verdadeiro, ou provável, ou

27 Sobre a noção de *acontecimentalização* enquanto "ruptura das evidências [...] sobre as quais se apoiam nosso saber, nossos consentimentos, nossas práticas" e como instrumento de "desmultiplicação causal" que, pondo em questão toda ideia de necessidade única, constitui para Foucault "o que a análise histórica e a crítica política têm em comum", ver "Table ronde du 20 mai 1978" [1978], in DE II, n. 278, pp. 842–44 ["Mesa-redonda em 20 de maio de 1978", pp. 339–41]. [*Événementalisation*, de *événement*: evento. As edições brasileiras de Foucault consagraram o termo *acontecimento* como tradução de *événement*. Daí portanto *acontecimentalização*. – N. T.]

incerto, ou falso, e o que faz com que tal procedimento de coerção adquira a forma e as justificações próprias de um elemento racional, calculado, tecnicamente eficaz, e por aí vai.

Portanto, nesse primeiro nível, não se trata nem de operar a repartição de legitimidade, nem de assinalar o ponto do erro e da ilusão [M: o limite do excesso ou do abuso]. E é por isso que, nesse nível, parece-me possível utilizar duas palavras que não têm como função designar entidades, potências ou algo como transcendentais, mas apenas operar, em relação aos domínios aos quais se referem, uma redução sistemática de valor, ou seja, uma neutralização quanto aos efeitos de legitimidade e uma elucidação disso que as torna, em determinado momento, aceitáveis, e que faz com que efetivamente elas tenham sido aceitas. Pode-se utilizar, portanto, a palavra *saber*, que se refere a todos os procedimentos e a todos os efeitos de conhecimento aceitáveis num dado momento e num domínio definido; e, em segundo lugar, o termo *poder*, que tão somente recobre toda uma série de mecanismos particulares, definíveis e definidos, que parecem suscetíveis de induzir comportamentos ou discursos. Vemos de imediato que esses dois termos têm apenas uma função metodológica: não se trata de assinalar, através deles, princípios gerais de realidade, mas de fixar de alguma forma o front de análise, o tipo de elemento que lhe deve ser pertinente. Trata-se, assim, de evitar pôr em jogo, de partida, a perspectiva de legitimação como o fazem os termos conhecimento[28] ou dominação.[29] Trata-se, igualmente, a cada

28 Em uma entrevista do fim de 1978, Foucault propõe uma distinção entre "saber" e "conhecimento" um pouco diferente: "Viso, com 'saber', um processo pelo qual o sujeito sofre uma modificação por aquilo mesmo que ele conhece, ou antes, por ocasião do trabalho que efetua para conhecer. É o que permite ao mesmo tempo modificar o sujeito e conhecer o objeto. É conhecimento o trabalho que permite multiplicar os objetos conhecíveis, desenvolver sua inteligibilidade, compreender sua racionalidade, mas mantendo a fixidez do sujeito que pesquisa". E Foucault ainda afirma que, "com a ideia de arqueologia, trata-se precisamente de recobrar a constituição de um conhecimento, quer dizer, de uma relação entre um sujeito fixo e um domínio de objetos em suas raízes históricas, nesse movimento do saber que a torna possível". Ver "Entretien avec Michel Foucault", op. cit., p. 876 ["Conversa com Michel Foucault", p. 306].

29 Em uma entrevista de 1984, Foucault explica claramente a distinção que ele traça entre "poder" e "dominação". As "relações de poder" são "jogos estratégicos

momento da análise, de poder lhes dar um conteúdo determinado e preciso, tal elemento de saber, tal mecanismo de poder; jamais se deve considerar que existe *um* saber ou *um* poder, menos ainda *o* saber ou *o* poder, que seriam operantes por si mesmos. Saber, poder, isso não passa de um esquema de análise. Vê-se também que esse esquema não é composto de duas categorias de elementos estranhos um ao outro, o que seria da ordem do saber, de um lado, e o que seria da ordem do poder, de outro – e o que os tornaria exteriores um ao outro, como há pouco eu dizia –, porque nada pode figurar como elemento de saber se, por um lado, não está de acordo com um conjunto de regras e de coações características, por exemplo, de tal tipo de discurso científico numa dada época, e se, por outro lado, não é dotado de efeitos de coerção ou apenas

---

entre liberdades", que fazem com que "uns tentem determinar a conduta dos outros, ao que os outros tentam responder não deixando sua conduta ser determinada ou tentando determinar em troca a conduta dos outros"; essas relações, portanto, são "móveis, reversíveis e instáveis", e pressupõem certa forma, certa medida de liberdade dos indivíduos. Nos "estados de dominação" ("que são o que geralmente se chama de poder"), ao contrário, as relações de poder "estão de tal forma fixadas que são perpetuamente dissimétricas e que a margem de liberdade é extremamente limitada". Ver "L'éthique du souci de soi comme pratique de la liberté" [1984], entrevista com H. Becker, R. Fornet-Betancourt e A. Gomez-Müller, in DE II, n. 356, pp. 1539, 1547 ["A ética do cuidado de si como prática da liberdade", pp. 277, 285]. Ver também "Le sujet et le pouvoir", op. cit., pp. 1054–57 ["O sujeito e o poder", pp. 123–24]. Em um debate que aconteceu em Berkeley em abril de 1983, Foucault defende a mesma ideia, entretanto, não mais falando em "estados de dominação", e sim em "relações de violência": "Nas relações de violência, você não pode fazer nada, você é constrangido porque você está acorrentado. Em uma relação de poder, há sempre, para um dos dois, a possibilidade de dizer não, de escapar, de resistir etc. [...] Eu diria que a definição mais simples das relações de poder é a seguinte: é quando alguém tenta dirigir a ação de outros. Naturalmente, você pode dirigir a ação de outra pessoa tomando-a pela mão e forçando-a a se mover de uma tal maneira – trata-se da violência, não do poder. O poder começa quando você tenta governar a ação de outros, a conduta de outros, sem utilizar a violência, o que não quer dizer que você não utiliza a ameaça da violência e que, em certos casos, você não utilizará de fato, a violência, pelo menos para dar um exemplo etc. Logo, é verdade que a violência está diretamente ligada ao poder, mas eu penso que o poder começa quando você não utiliza a violência, ao menos num primeiro momento. E, nesse caso, a resistência começa com o poder, ou a possibilidade de resistência começa com o poder". Ver *Discussion with Michel Foucault*, IMEC/Fonds Michel Foucault, D 250(7), pp. 15, 22–23.

efeitos de incitação próprios ao que é validado como científico, ou apenas racional, ou apenas recebido de maneira comum etc. Inversamente, nada pode funcionar como mecanismo de poder se não se desenvolve segundo procedimentos, instrumentos, meios, objetivos que possam ser validados dentro de sistemas mais ou menos coerentes de saber.[30] Portanto, não se trata de descrever o que é o saber e o que é o poder, e como um reprimiria o outro ou como este abusaria do primeiro, mas sim de descrever um nexo de saber-poder que permite apreender o que constitui a aceitabilidade de um sistema, seja o sistema da doença mental, seja o da penalidade, da delinquência, da sexualidade etc.

Em resumo, parece-me que, da observabilidade empírica para nós de um conjunto até a sua aceitabilidade histórica na época mesma em que efetivamente ele é observável, o caminho passa por uma análise do nexo saber-poder que o sustenta, que o retoma a partir do fato de que é aceito, na direção daquilo que o torna aceitável, não em geral, é claro, mas apenas ali onde é aceito: é o que se poderia caracterizar como a retomada em sua positividade.[31] Portanto tem-se aqui um tipo de procedimento que, fora da preocupação com a legitimação e, por consequência, longe do ponto de vista fundamental da lei, percorre o ciclo da positividade indo do fato da aceitação ao sistema de aceitabilidade analisado a partir do jogo saber-poder. Digamos que esse é o nível, aproximadamente, da *arqueologia*.[32]

---

30 Ver "Théories et institutions pénales", in DE I, n. 115, pp. 1257–58 ["Teorias e instituições penais", p. 19]: "Nenhum saber se forma sem um sistema de comunicação, de registro, de acumulação, de deslocamento que é em si uma forma de poder e que está ligado, em sua existência e em seu funcionamento, às outras formas de poder. Nenhum poder, em contrapartida, exerce-se sem a extração, a apropriação, a distribuição ou a retenção de um saber. Nesse nível, não há o conhecimento, de um lado, e a sociedade, do outro, ou a ciência e o Estado, mas as formas fundamentais do 'poder-saber'".

31 Sobre a noção de "positividade", ver AS, pp. 164–65 [pp. 152–53].

32 Em 1969, em *A arqueologia do saber*, com o termo "arqueologia" Foucault designa "o tema geral de uma descrição que interroga o já dito no nível de sua existência: da função enunciativa que nele se exerce, da formação discursiva à qual ele pertence, do sistema geral de arquivo de que ele depende". Uma análise desse tipo, Foucault precisa, "não incita à busca de nenhum começo". AS, p. 173 [p. 161] e, de um modo mais geral, toda a parte IV, "A descrição arqueológica", pp. 177–255

Em segundo lugar, logo se vê que, a partir desse tipo de análise, paira certo número de perigos, que não podem deixar de aparecer como as consequências negativas e custosas de uma tal análise.

Essas positividades são conjuntos que não são evidentes por si mesmos, no sentido de que, qualquer que seja o hábito ou o uso que puderam torná-las familiares a nós, qualquer que seja a força ofuscante dos mecanismos de poder que elas fazem atuar ou quaisquer que sejam as justificativas que elaboraram, elas não se tornaram aceitáveis por nenhum direito originário; e o que é necessário ressaltar para bem apreender o que pode torná-las aceitáveis é que precisamente isso não era evidente, não estava inscrito em nenhum a priori, não estava contido em nenhuma anterioridade. Liberar as condições de aceitabilidade de um sistema e seguir as linhas de ruptura que marcam a sua emergência são duas operações correlativas. Não era de forma nenhuma

---

[pp. 163–236]. Ver também "Michel Foucault explique son dernier livre" [1969], in DE I, n. 66, p. 800 ["Michel Foucault explica seu último livro", pp. 145–46]; "La naissance d'un monde" [1969], in DE I, n. 68, pp. 814–15 ["O nascimento de um mundo", pp. 51–54]; "Dialogue sur le pouvoir" [1978], in DE II, n. 221, pp. 468–69 ["Diálogo sobre o poder", pp. 257–58]. É inclusive significativo que, em 1971, respondendo às críticas de George Steiner a propósito de *As palavras e as coisas*, Foucault afirme que o termo "arqueologia" se encontra em Kant, que "utilizava esta palavra para designar a história daquilo que torna necessária uma certa forma de pensamento". Ver "Les monstruosités de la critique" [1971], in DE I, n. 97, p. 1089 ["As monstruosidades da crítica", pp. 323–24]. O texto de Kant ao qual Foucault se refere é *Les progrès de la métaphysique en Allemagne depuis le temps de Leibniz et de Wolf* [1793], trad. fr. L. Guillermit, Paris: Vrin, 1973 (cf. pp. 107–08). Também em Foucault, o termo "arqueologia" é usado para designar os a priori que, no entanto, em contraste com Kant, são sempre a priori históricos, isto é, "acontecimentos". No artigo de 1984 sobre Kant e a *Aufklärung* publicado nos Estados Unidos, Foucault afirma que a crítica, entendida como "pesquisa histórica através dos acontecimentos que nos levaram a nos constituir e nos reconhecer como sujeitos do que fazemos, pensamos, dizemos", é "genealógica em sua finalidade e arqueológica em seu método". Ela é arqueológica porque "não procurará depreender as estruturas universais de qualquer conhecimento ou de qualquer ação moral possível", mas tratará "os discursos que articulam o que pensamos, dizemos e fazemos como os acontecimentos históricos". Ver "What is Enlightenment?", op. cit., p. 1393 ["O que são as Luzes", pp. 347–48]. Ver igualmente "Debate no Departamento de História", infra, pp. 121–23, 126–27.

evidente que a loucura e a doença mental se sobrepusessem no sistema institucional e científico da psiquiatria; tampouco era dado que os procedimentos punitivos, o aprisionamento e a disciplina penitenciária viessem se articular em um sistema penal; tampouco era dado o fato de que o desejo, a concupiscência, o comportamento sexual dos indivíduos devessem efetivamente se articular uns com os outros em um sistema de saber e de normalidade chamado sexualidade. A detecção da aceitabilidade de um sistema é indissociável da detecção daquilo que o tornava difícil de aceitar: sua arbitrariedade em termos de conhecimento, sua violência em termos de poder, em suma, sua energia [M, no lugar de "sua energia": sua emergência]. Logo, é preciso levar em consideração essa estrutura para melhor acompanhar os artifícios.

Segunda consequência, também custosa e negativa, é que esses conjuntos não são analisados como universais aos quais a história aportaria, com suas circunstâncias particulares, certo número de modificações. É claro, muitos dos elementos aceitos, muitas das condições de aceitabilidade podem ter atrás de si uma longa carreira; mas o que se trata de retomar na análise dessas positividades são, de algum modo, singularidades puras,[33] nem encarnações de uma essência, nem individualização de uma espécie: singularidade como a loucura no mundo ocidental moderno, singularidade absoluta como a sexualidade, singularidade absoluta como o sistema jurídico-moral de nossas punições.

Nenhum recurso fundador, nenhuma fuga para uma forma pura, eis aí, sem dúvida, um dos pontos mais importantes e dos mais contestáveis dessa abordagem histórico-filosófica: se ela não quer acabar numa filosofia da história, nem numa análise histórica, deve se manter no campo de imanência das singularidades puras. E então? Ruptura, descontinuidade, singularidade, descrição pura, quadro imóvel, ausência de explicação, ausência de transição, vocês conhecem tudo isso. Dir-se-á que a análise

33 Sobre a noção de "singularidade", ligada sempre à noção de "acontecimento", ver, entre outros, "Table ronde du 20 mai 1978" [1978], pp. 842–43 ["Mesa-redonda em 20 de maio de 1978", pp. 339–41] e "Préface à l'Histoire de la sexualité", op. cit., pp. 1399–1400 ["Prefácio à História da sexualidade", pp. 209–10]. Ver também "Theatrum philosophicum" [1970], in , n. 80, pp. 952, 956 e passim ["*Theatrum philosophicum*", pp. 230–54].

dessas positividades não faz parte desses procedimentos ditos explicativos, aos quais se atribui valor causal sob três condições:

1) reconhece-se valor causal somente nas explicações que visam a uma última instância valorada como profunda e única, economia para uns, demografia para outros;
2) reconhece-se valor causal somente naquilo que obedece a um afunilamento apontando para "a" causa ou o foco causal, a origem unitária;
3) e, por fim, reconhece-se valor causal somente naquilo que estabelece certa inevitabilidade ou ao menos que se aproxima da necessidade.

A análise das positividades, na medida em que se trata de singularidades puras que não se referem a uma espécie ou a uma essência, mas a simples condições de aceitabilidade, pois bem, essa análise supõe o desenvolvimento de uma rede causal ao mesmo tempo complexa e fina, mas sem dúvida de um outro tipo, uma rede causal que justamente não obedeceria à exigência de saturação por um princípio profundo, unitário, afunilante e necessário. Trata-se de estabelecer uma rede que dê conta dessa singularidade como de um efeito: por isso a necessidade da multiplicidade de relações, da diferenciação entre os diferentes tipos de relações, da diferenciação entre as diferentes formas de necessidade dos encadeamentos, da decifração das interações e das ações circulares e da consideração do cruzamento de processos heterogêneos. E, portanto, nada mais estranho a uma tal análise que a rejeição da causalidade. Mas o importante é que não se trata, em tais análises, de reconduzir a uma causa um conjunto de fenômenos derivados, mas de tornar inteligível uma positividade singular justamente naquilo que ela tem de singular.

Digamos, *grosso modo*, que, em oposição a uma *gênese* [sublinhado no M] que se orienta em direção à unidade de uma causa principal carregada de uma descendência múltipla, trata-se aqui de uma *genealogia*, ou seja, de algo que tenta restituir as condições de aparição de uma singularidade a partir de múltiplos elementos determinantes, dos quais ela aparece não como o produto, mas como o efeito.[34] Estabelecimento, portanto, de inteligibilidade, mas é preciso notar claramente que ela não funciona segundo um princípio de fechamento. E não se trata aqui de um princípio de fechamento por múltiplas razões.

A primeira é que as relações que permitem dar conta desse efeito singular são, se não na sua totalidade, ao menos numa parte considerável, relações de interação entre indivíduos ou grupos, ou seja, implicam sujeitos, tipos de comportamento, decisões e escolhas: não é na natureza das coisas que se encontraria o apoio, o suporte dessa rede de relações inteligíveis, é a lógica própria de um jogo de interações com suas margens sempre variáveis de não certeza.

Não há tampouco fechamento, pois essas relações que se tenta estabelecer para dar conta de uma singularidade como efeito, essa rede de relações não deve constituir um plano único. São relações que estão em perpétuo movimento de desprendimento umas com relação às outras: a lógica das interações, em dado nível (digamos, entre dois indivíduos), pode, de uma vez só, manter suas regras e sua especificidade, seus efeitos singulares, tudo isso enquanto constitui com outros elementos interações que atuam num outro nível, de modo que, de certa maneira, nenhuma dessas interações

34 Já em 1971, inspirando-se em Nietzsche, Foucault explica que o objetivo da genealogia não é "descrever gêneses lineares", mas "assinalar a singularidade dos acontecimentos, fora de toda finalidade monótona; espreitá-los lá onde menos se espera e no que passa por não ter história alguma [...]; apreender seu retorno, não absolutamente para traçar a lenta curva de uma evolução, mas para reencontrar as diferentes cenas em que eles desempenharam distintos papéis; definir, até o ponto de sua lacuna, o momento em que eles não ocorreram". A genealogia se opõe, portanto, radicalmente, à busca da "origem". Ver "Nietzsche, la généalogie, l'histoire" [1971], in DE I, n. 84, pp. 1004–05 ["Nietzsche, a genealogia e a história", p. 15]. No artigo de 1984 sobre Kant e a *Aufklärung* publicado nos Estados Unidos, sustentando que a crítica é "genealógica em sua finalidade e arqueológica em seu método" (ver supra, pp. 59–60, nota 32), Foucault precisa que ela é genealógica porque "não deduzirá da forma do que somos o que, para nós, é impossível fazer ou conhecer", mas liberará "da contingência que nos fez ser o que nós somos a possibilidade de não mais ser, fazer ou pensar o que nós somos, fazemos ou pensamos". Ver "What is Enlightenment?", op. cit., p. 1393 ["O que são as Luzes?", p. 348]. Ver também "Debate no Departamento de História", infra, pp. 121–23, 126–27.

aparece como primária ou como absolutamente totalizante. Cada uma pode ser recolocada num jogo que a transborda; e, inversamente, nenhuma delas, por mais local que seja, é destituída de efeitos ou de risco de produzir efeitos naquilo de que faz parte e que a envolve. Então, por assim dizer, e de maneira esquemática, há mobilidade perpétua, fragilidade essencial, ou melhor, intricamento entre o que reconduz o processo mesmo e aquilo que o transforma. Em suma, trata-se aqui de liberar toda uma forma de análises que se poderia chamar de *estratégicas*.[35]

Ao falar de arqueologia, de estratégia e de genealogia, não penso que se trate de assinalar aqui três níveis sucessivos que seriam desenvolvidos uns a partir dos outros, mas sobretudo de caracterizar três dimensões necessariamente simultâneas da mesma análise, três dimensões que deveriam permitir, na sua própria simultaneidade, retomar o que há de positivo, ou seja, as condições que tornam aceitável uma singularidade cuja inteligibilidade se estabelece pela assinalação das interações e das estratégias às quais ela se integra. É uma tal pesquisa, tendo em conta essas três dimensões, que se pode denominar um procedimento de acontecimentalização. [...][36] se produz como efeito e, enfim, acontecimentalização naquilo que se tem de tratar com algo cuja estabilidade, cujo enraizamento, cujo fundamento nunca é tal que não se possa, de uma maneira ou de outra, senão pensar seu desaparecimento, ao menos assinalar isto por meio do qual e isto a partir do qual seu desaparecimento é possível.

Eu dizia há pouco que, em vez de colocar o problema em termos de conhecimento e de legitimação, tratava-se de abordar a questão pela via do poder e da acontecimentalização. Mas vocês estão vendo que não se trata de fazer funcionar o poder entendido como dominação, maestria, a título de dado fundamental, de princípio único de explicação ou de lei incontornável; ao contrário, trata-se de considerá-lo sempre como relação num campo de interações, de pensá-lo em uma relação indissociável com as formas de saber e trata-se de pensá-lo sempre de tal maneira que

35 Ver AS, parte II, cap. VI, "A formação das estratégias", pp. 85–93 [pp. 76–83].

36 Lacuna devido à virada da fita de gravação. Apenas uma parte pôde ser reconstituída graças ao manuscrito.

seja visto associado a um domínio de possibilidade e, por consequência, de reversibilidade, de reversão possível.[37]

Vocês podem ver, então, que a questão não é mais: por qual erro, ilusão, esquecimento, por quais falhas de legitimidade o conhecimento vem a induzir efeitos de dominação que manifesta, no mundo moderno, a influência da *téchne*? A questão seria, sobretudo, esta outra: como a indissociabilidade do saber e do poder no jogo de interações e de estratégias múltiplas pode induzir, de uma só vez, singularidades que se fixam a partir de suas condições de aceitabilidade e um campo de possíveis, de aberturas, de indecisões, de reversões e de deslocamentos eventuais que as torna frágeis, que as torna impermanentes, que faz desses efeitos acontecimentos nada mais nada menos do que acontecimentos? De que modo os efeitos de coerção próprios dessas positividades podem ser, não dissipados por um retorno ao destino legítimo do conhecimento e por uma reflexão sobre o transcendental ou o quase transcendental que o fixa, mas sim invertidos ou desatados no interior de um campo estratégico concreto, desse campo estratégico concreto que os induziu, e a partir da decisão, justamente, de não ser governado?

Em suma, o movimento que fez bascular a atitude crítica na questão da crítica ou, ainda, o movimento responsável pela reavaliação do empreendimento da *Aufklärung* no projeto crítico, que consistia em fazer com que o conhecimento pudesse fazer de si uma ideia justa, esse movimento basculante, esse deslocamento, o modo de desviar a questão da *Aufklärung* para a crítica, será que não seria preciso tentar fazer agora o caminho inverso? Não se poderia tentar percorrer esse caminho, só que em outro sentido? E, se é necessário colocar a questão do conhecimento na sua relação com a dominação, seria, em primeiro lugar e antes de tudo, a partir de certa vontade decisória de não ser governado – dessa vontade decisória, atitude de uma só vez individual e coletiva de sair, como dizia Kant, da sua menoridade. Questão de atitude. Vocês veem por que eu não podia dar, não ousei dar um título à minha conferência, que teria sido: "O que é *Aufklärung*?".

---

37 Ver supra, pp. 57–58, nota 29.

DISCUSSÃO

[HENRI GOUHIER] *Agradeço muitíssimo a Michel Foucault por nos haver trazido um conjunto tão bem coordenado de reflexões que eu chamaria de filosóficas, mesmo que ele tenha dito "não sendo eu mesmo filósofo". Devo logo dizer que, após ter dito "não sendo eu mesmo filósofo", ele acrescentou "quando muito um crítico", ou seja, mesmo assim um pouco crítico. Após sua exposição, eu me pergunto se ser um pouco crítico não é ser muito filósofo.*

[NOËL MOULOUD] *Gostaria talvez de fazer duas ou três observações. A primeira é a seguinte: parece que o sr. Foucault nos colocou diante de uma atitude geral do pensamento, a recusa ao poder ou a recusa à regra coercitiva que engendra uma atitude geral, a atitude crítica. Ele passou disso a uma problemática que apresentou como um prolongamento dessa atitude, uma atualização dessa atitude: trata-se dos problemas que hoje são colocados a respeito das relações de saber, técnica e poder. Eu veria, de certa maneira, atitudes críticas localizadas, girando em torno de certos núcleos de problemas, ou seja, em grande medida, com origens ou, se preferirem, limites históricos. É preciso desde já que tenhamos uma prática, um método que atinja certos limites, que coloque problemas, que leve a impasses, para que uma atitude crítica se delineie. E, assim, por exemplo, são os êxitos metodológicos do positivismo que, com as dificuldades que suscitou, engendraram, diante de si, as reações críticas que conhecemos, que surgiram há meio século, ou seja, a reflexão logicista, a reflexão criticista, penso na escola popperiana ou na reflexão wittgensteiniana acerca dos limites de uma linguagem científica normalizada. Frequentemente por meio desses momentos críticos vê-se aparecer uma resolução nova, a procura por uma prática renovada, por um método que tem, ele mesmo, um aspecto regional, um aspecto de uma pesquisa histórica.*

O senhor está coberto de razão. É bem nessa via que a atitude crítica esteve engajada e que ela desenvolveu suas consequências de uma maneira privilegiada no século XIX. Eu diria que é a via kantiana, ou seja, que o momento forte, o momento essencial da atitude crítica deve ser o problema da interrogação do conhecimento sobre os próprios limites ou impasses, por assim dizer, que a atitude crítica encontra no seu exercício primeiro e concreto.

O que me surpreendeu foram duas coisas. Por um lado, pode-se dizer que esse uso kantiano da atitude crítica não impediu – e, na verdade, em Kant, o problema é posto de maneira muito explícita – que a crítica coloque também (o problema é saber se isso é fundamental ou não, pode-se discuti-lo) esta questão: o que é o uso da razão, qual uso da razão pode ter efeitos relativos aos abusos do exercício do poder e, consequentemente, à destinação concreta da liberdade? Creio que Kant está longe de ignorar esse problema e que houve, sobretudo na Alemanha, todo um movimento de reflexão em torno desse tema, generalizando, por assim dizer, deslocando para outras regiões o problema crítico estrito que você citou. Você cita Popper, mas, afinal, também para Popper, o excesso de poder foi um problema fundamental.

Por outro lado, o que gostaria de observar – e peço desculpas pelo caráter de absoluto sobrevoo, por assim dizer – é que me parece que a história da atitude crítica, no que ela tem de específico no Ocidente – e no Ocidente moderno desde os séculos XV e XVI –, é preciso procurar sua origem nas lutas religiosas e nas atitudes espirituais na segunda metade da Idade Média. Justamente no momento em que se coloca o problema: como ser governado, vai-se aceitar ser governado assim? É então que as coisas estão no seu nível mais concreto, mais historicamente determinado: todas as lutas em torno do tema da pastoral na segunda metade da Idade Média prepararam a Reforma e, creio eu, foram uma espécie de limiar histórico sobre o qual se desenvolveu essa atitude crítica.[1]

[HENRI BIRAULT] *Não queria fazer o papel de galinha assustada!*[2] *Estou completamente de acordo com o modo como a questão da Aufklärung é explicitamente retomada por Kant para sofrer,*

1 Sobre o tema das lutas antipastorais, ver STP, pp. 197–219 [pp. 255–83] e "'Omnes et singulatim': Vers une critique de la raison politique", op. cit., pp. 967–68 ["'Omnes et singulatim': Por uma crítica da razão política", pp. 371–72].

2 No original, "*pintade effarouchée*". Literalmente, galinha assustada. Henri Birault reverte a ironia de Foucault quando este emprega a expressão "*pintade offensée*". [N. T.]

simultaneamente, uma restrição teórica decisiva em função de imperativos de ordem moral, religiosa, política etc., que são característicos do pensamento kantiano. Creio que sobre isso há um acordo total entre nós.

No que concerne agora à parte mais diretamente positiva da exposição, quando se trata de estudar rente ao chão, de algum modo, no nível do acontecimento, o fogo cruzado entre saber e poder, eu me pergunto se não há lugar ainda para uma questão subjacente e, digamos, mais essencialmente ou mais tradicionalmente filosófica, recuada desse estudo precioso e minucioso dos jogos de poder e de saber em diferentes domínios. Essa questão metafísica e histórica poderia ser formulada da seguinte maneira: não se pode dizer que, em certo momento da nossa história e em certa região do mundo, o saber em si mesmo, o saber enquanto tal, tomou a forma de um poder ou de uma potência, enquanto o poder, por sua vez, sempre definido como um saber-fazer, como certa maneira de saber agir para obter um resultado, manifestava enfim a essência propriamente dinâmica do noético? Nada surpreendente, se as coisas forem assim, que Michel Foucault possa então reencontrar e desembaraçar as redes ou relações múltiplas que se estabelecem entre o saber e o poder visto que, ao menos a partir de certa época, o saber é, no fundo, um poder, e o poder, no fundo, um saber, o saber e o poder de um mesmo querer, de uma mesma vontade que sou obrigado a chamar vontade de potência.

Sua questão refere-se à generalidade desse tipo de relação?

Não tanto acerca da sua generalidade quanto da sua radicalidade ou do seu fundamento oculto, aquém da dualidade dos dois termos saber-poder. Não se pode reencontrar uma espécie de essência comum ao saber e ao poder, o saber definindo-se nele mesmo como saber do poder, e o poder, por sua vez, definindo-se como saber do poder (mesmo que isso signifique explorar atentamente os múltiplos significados desse duplo genitivo)?

Sem dúvida. Aqui, justamente, não fui suficientemente claro, uma vez que o que queria fazer, o que sugeria, é que sob ou aquém de uma espécie de descrição – *grosso modo*, há os intelectuais e os homens de poder, há os cientistas e as exigências da indústria etc. –, de fato, há toda uma rede trançada. Não apenas de elementos de saber e de poder; mas, para que o saber funcione como saber, isso só pode ocorrer na medida em que ele exerce um poder. No interior dos outros discursos de saber com relação aos discursos de saber possíveis, cada enunciado considerado verdadeiro exerce certo poder e cria, ao mesmo tempo, uma possibilidade; inversamente, todo exercício de poder, mesmo se se trata de conduzir à morte, implica ao menos um saber--fazer e, afinal, esmagar selvagemente um indivíduo é ainda certa maneira de saber agir para obter um resultado. Portanto, pode-se dizer que estou plenamente de acordo, e é o que eu tentava pôr em evidência: sob as polaridades que, para nós, aparecem como bem distintas daquelas do poder, há uma espécie de reflexo cambiante...

[NM] *Volto à nossa referência comum, ao sr. Birault e a mim: Popper. Uma das intenções de Popper é mostrar que, na constituição de esferas de poder, qualquer que seja a natureza, isto é, de dogmas, de normas imperativas, de paradigmas, não é o próprio saber que é engajado, que é responsável, mas uma racionalidade desviante que não é mais verdadeiramente um saber. O saber – ou a racionalidade, enquanto formadora, é ela mesma desprovida de paradigmas, desprovida de receitas. Sua iniciativa própria é recolocar em questão suas próprias certezas, sua própria autoridade e "polemizar contra si mesma". É precisamente por essa razão que ela é racionalidade, e a metodologia que Popper concebe consiste em distinguir, em separar esses dois comportamentos, tornando impossível a confusão ou a mistura entre o uso dos preceitos, a gestão dos procedimentos e a invenção das razões. E eu me perguntaria, embora isso seja bem mais difícil, se, no domínio humano, social, histórico, as ciências sociais no seu conjunto não exercem, igualmente e antes de tudo, uma função de abertura: há aqui uma situação muito difícil, porque elas são, de fato, solidárias da técnica. Entre uma ciência e os poderes que a utilizam, há uma relação que não é verdadeiramente essencial; ainda que importante, ela permanece "contingente" de certa maneira. São mais as condições técnicas da utilização do saber que estão em relação direta com o exercício de um poder, de um poder que escapa à troca ou ao exame, em vez das condições do próprio saber; e é nesse sentido que eu não compreendo inteiramente o argumento. Além disso, Foucault fez observações esclarecedoras que ele desenvolverá sem dúvida. Mas eu me pergunto: há um vínculo realmente direto entre as obrigações ou as exigências do saber e as do poder?*

Eu ficaria radiante se se pudesse fazer assim, ou seja, se fosse possível dizer: há a boa ciência, aquela que é, de uma só vez, verdadeira e que não se mistura com a vilania do poder; e, então, evidentemente, nem com os maus usos da ciência, seja a sua aplicação interessada, sejam seus erros. Se o senhor me disser que é assim, pois bem, eu partiria feliz.

Não chego a tanto, eu reconheço que o vínculo histórico, o vínculo dos acontecimentos é forte. Mas percebo várias coisas: que as novas investigações científicas (da biologia, das ciências humanas) recolocam o homem e a sociedade numa situação de não determinação, abrindo-lhes vias de liberdade e, desse modo, incitando-os, por assim dizer, a tomar novamente decisões. Ademais, que os poderes opressivos raramente se apoiam em um saber científico, pois preferem um não saber, uma ciência reduzida previamente a um "mito": conhecem-se os exemplos de um racismo fundado em uma "pseudo-genética" ou ainda um pragmatismo político fundado em uma deformação "neolamarckiana da biologia" etc. E, enfim, sei muito bem que as informações positivas de uma ciência requerem a distância de um juízo crítico. Mas parece-me – e este era o sentido aproximado de meu argumento – que uma crítica humanista que retoma critérios culturais e axiológicos não pode se desenvolver inteiramente nem ter sucesso sem o apoio que lhe oferece o próprio conhecimento, fazendo a crítica de suas bases, de seus pressupostos e de seus antecedentes. Isso concerne sobretudo aos esclarecimentos trazidos pelas ciências do homem, pela história; e me parece que Habermas, em particular, inclui essa dimensão analítica naquilo que ele chama de crítica das ideologias, dessas mesmas que são engendradas pelo saber.

Eu penso que é essa, justamente, a vantagem da crítica!

[HG] *Gostaria de fazer uma pergunta. Estou inteiramente de acordo com a maneira como você opera o seu recorte, e sobre a importância da Reforma. Mas parece-me que há, em toda a tradição ocidental, um fermento crítico devido ao socratismo. Queria perguntar se a palavra* crítica, *tal como você a definiu e a empregou, não poderia ser adequada para designar aquilo que eu chamaria provisoriamente de um fermento crítico do socratismo em todo o pensamento ocidental, que desempenhará um papel por meio dos retornos a Sócrates nos séculos XVI e XVII.*

Você me coloca diante de uma questão mais difícil. Eu diria que esse retorno do socratismo (sente-se, identifica-se, vê-se historicamente esse retorno, parece-me, na passagem do século XVI para o XVII) somente foi possível repousando sobre essa coisa, na minha opinião muito mais importante, que foram as lutas pastorais e o problema do governo dos homens, governo no sentido muito pleno e muito amplo que ele tinha no fim da Idade Média. Governar os homens era tomá-los pela mão, conduzi-los até a sua salvação por meio de uma operação, de uma técnica de guia detalhada, que implicava todo um jogo de saber: sobre o indivíduo que se guiava, sobre a verdade em direção à qual se guiava...

Você poderia retomar sua análise se fizesse uma exposição sobre Sócrates e seu tempo?

É esse, com efeito, o verdadeiro problema. Mais uma vez, para responder rapidamente a essa questão difícil, parece-me que, no fundo, quando se interroga Sócrates desse modo, ou mesmo – mal ouso dizer – pergunto-me se Heidegger interrogando os pré-socráticos não fazia... Não, de modo algum, não é o caso de fazer um anacronismo e de projetar o século XVIII no século V a.C... Mas essa questão da *Aufklärung* que é, creio, ainda assim fundamental para a filosofia ocidental desde Kant, pergunto-me se não é com ela que se varre de algum modo toda a história possível e até as origens radicais da filosofia, de modo que o processo de Sócrates, creio que se pode interrogá-lo de maneira válida, sem nenhum anacronismo, mas a partir de um problema que é e que foi, em todo caso, percebido por Kant como um problema da *Aufklärung*.[3]

[JEAN-LOUIS BRUCH] *Gostaria de fazer uma pergunta a respeito de uma formulação que é central na sua exposição, mas que foi colocada de duas formas que me pareceram diferentes. Você falou no fim em "a vontade decisória de não ser governado" como um fundamento, ou um retorno da* Aufklärung, *que foi o objeto da sua conferência. Você falou, no início, em "não ser governado desse modo", em "não ser tão governado", em "não ser governado a esse preço". Em um caso, a formulação é absoluta, no outro é relativa, e em função de quais critérios? Seria por ter experimentado o abuso da governamentalização que você chega à posição radical, à vontade decisória de não ser governado? E, por fim, essa última posição não deve, ela mesma, ser o objeto de uma interrogação, de um questionamento que seria, em essência, filosófico?*

São duas boas questões. Sobre o ponto das variações de formulação: não penso, de fato, que a vontade de não ser governado em absoluto [*n'être pas gouverné du tout*] seja algo que se possa considerar uma aspiração originária. Penso que, de fato, a vontade de não ser governado é sempre a vontade de não ser governado assim, desse modo, por estas pessoas, a este preço. Quanto à formulação de não ser governado em absoluto, ela me parece ser de algum modo o paroxismo filosófico e teórico de algo que seria essa vontade de não ser relativamente governado. E, no fim, quando eu dizia "vontade decisória de não ser governado", então aí, erro meu, era "não ser governado assim, deste modo, desta maneira". Não

3 Em 1984, respondendo a uma pergunta sobre a tarefa a ser atribuída à filosofia, Foucault afirma que em "sua vertente crítica – entendo crítica no sentido amplo – a filosofia é justamente o que questiona todos os fenômenos de dominação em qualquer nível e em qualquer forma com que eles se apresentem – política, econômica, sexual, institucional. Essa função crítica da filosofia decorre, até certo ponto, do imperativo socrático: 'ocupa-te de ti mesmo', ou seja, 'constitua-te livremente, pelo domínio de ti mesmo'". Ver "L'éthique du souci de soi comme pratique de la liberté", op. cit., p. 1548 ["A ética do cuidado de si como prática da liberdade", p. 280].

me referia a alguma coisa que seria um anarquismo fundamental, que seria como a liberdade originária absolutamente insubmissa e profunda em relação a toda governamentalização. Não o disse, mas isso não significa que exclua algo assim de maneira absoluta. Creio, de fato, que minha exposição para por aqui. Já durou tempo demais; mas também porque me pergunto... Se se quer fazer a exploração dessa dimensão da crítica que me parece tão importante porque, de uma só vez, ela faz parte da filosofia e não faz parte dela, se explorar essa dimensão da crítica não seria se remeter, como base da atitude crítica, a alguma coisa que seria ou a prática histórica da revolta, da não aceitação de um governo real, por um lado, ou, por outro, a experiência individual da recusa da governamentalidade? O que muito me surpreende – ou talvez me assombre, pois são coisas de que tenho me ocupado bastante – é que, se essa matriz de atitude crítica no mundo ocidental deve ser buscada nas atitudes religiosas da Idade Média relativas ao exercício do poder pastoral, é de todo modo muito surpreendente ver a mística como experiência individual e política e a luta institucional ganharem corpo, remetendo perpetuamente uma à outra. Eu diria que uma das primeiras grandes formas da revolta no Ocidente foi a mística;[4] e todos esses focos de resistência à autoridade da Escritura, à mediação pelo pastor, se desenvolveram seja nos conventos, seja no exterior dos conventos pelos laicos. Quando se vê que essas experiências, esses movimentos da espiritualidade serviram muito frequentemente como roupagem, como vocabulário, e, mais ainda, como modos de ser e suportes à esperança de lutas que se pode dizer econômicas, populares ou, em termos marxistas, "de classe", penso que temos aqui alguma coisa fundamental.

No percurso dessa atitude crítica cuja história me parece encontrar sua origem nesse momento, não se deve interrogar agora o que seria a vontade de não ser governado assim, desse modo etc., tanto sob sua forma de experiência individual quanto sob a forma coletiva? É preciso agora colocar o problema da vontade.[5] Em poucas

4 Ver supra, p. 39, nota 7.

5 Foucault evocou esse "problema da vontade" um mês antes, durante uma entrevista dada no Japão, em que ele sustenta que a filosofia ocidental tratou a vontade somente de duas maneiras: no modelo da filosofia natural (natureza–força)

palavras, e será dito que isso é evidente, não se pode retomar esse problema seguindo o fio do poder, sem chegar, é claro, a colocar a questão da vontade. Era tão evidente que eu poderia ter percebido antes; mas como esse problema da vontade é um problema que a filosofia ocidental sempre tratou com precaução e dificuldade infinitas, digamos que tentei evitá-lo na medida do possível. Digamos que [essa questão] é inevitável. O que fiz aqui foram considerações de um trabalho em curso.

[ANDRÉ SERNIN] *De que lado você se situaria melhor? Seria do lado de Auguste Comte, eu esquematizo, que separa rigorosamente o poder espiritual do poder temporal; ou, ao contrário, de Platão, que dizia que as coisas nunca iriam bem enquanto os filósofos não fossem os chefes do poder temporal?*

É preciso mesmo escolher?

Não, não é preciso escolher, mas de qual lado o senhor se inclinaria mais...?

Tentaria me insinuar entre as duas partes!

[PIERRE HADJI-DIMOU] *Você apresentou com êxito o problema da crítica no seu vínculo com a filosofia e chegou às relações entre poder e conhecimento. Gostaria de fazer um pequeno esclarecimento acerca do pensamento grego. Creio que esse problema já foi colocado pelo sr. Presidente. "Conhecer" é ter o* lógos *e o* mŷthos*. Penso que, com a* Aufklärung, *não se chega ao conhecer; o conhecimento não é apenas a racionalidade, o* lógos *não é apenas na*

e no modelo da filosofia do direito (lei–bem e mal). E, embora esse esquema de pensamento sobre a vontade tenha conhecido uma ruptura, com Schopenhauer e Nietzsche, Foucault está convencido de que "a filosofia ocidental sempre foi incapaz de pensar o problema da vontade de modo pertinente". Ele sugere, então, um empréstimo de método da estratégia militar, a fim de formular a questão da vontade "como luta, quer dizer, de um ponto de vista estratégico para analisar um conflito quando diversos antagonismos se desenvolvem". Ver "Méthodologie pour la connaissance du monde", op. cit., pp. 603–05 ["Metodologia para o conhecimento do mundo", p. 196].

vida histórica, há uma segunda fonte, o mŷthos. *Se nos referirmos à discussão entre Protágoras e Sócrates, quando Protágoras coloca a questão, acerca da* Politeia, *do direito de punir, do seu poder, ele diz que irá precisar e ilustrar o seu pensamento sobre o* mŷthos[6] *– o* mŷthos *está ligado ao* lógos *porque há uma racionalidade: quanto mais ele nos ensina, mais é belo. Eis a pergunta que eu queria acrescentar: ao suprimir uma parte do pensamento, o pensamento irracional que chega ao* lógos, *ou seja, o* mŷthos, *chega-se a conhecer as fontes do conhecimento, o conhecimento do poder, que também tem um sentido mítico?*

Estou de acordo com a sua questão.

[SYLVAIN ZAC] *Gostaria de fazer duas observações. Você disse, com justeza, que a atitude crítica podia ser considerada uma virtude. Ora, há um filósofo, Malebranche, que estudou essa virtude: é a liberdade de espírito. Por outro lado, não estou de acordo com você sobre as relações que estabelece, em Kant, entre o artigo dele sobre o Iluminismo e a crítica dele do conhecimento. Esta última evidentemente fixa limites, mas ela mesma não tem limite; ela é total. Ora, quando se lê o artigo, vê-se que Kant faz uma distinção muito importante entre o uso público e o uso privado. No caso do uso público, essa coragem deve desaparecer. O que faz...*

É o contrário, pois o que ele chama uso público é...

Quando alguém ocupa, por exemplo, uma cátedra de filosofia em uma universidade, há o uso público da palavra e esse indivíduo não deve criticar a Bíblia; por outro lado, no uso privado, ele pode fazê-lo.

É o contrário, e é isso que é muito interessante. De fato, Kant diz: "Há um uso público da razão que, esse, não deve ser limitado". O que é esse uso público? É o que circula entre os eruditos, que passa pelos jornais e publicações e que apela à consciência de todos. Esses usos públicos da razão não devem ser limitados, e curiosamente o que

6 Cf. Platão, *Protágoras* [séc. IV a. C.], 320c–324d, trad. Carlos Alberto Nunes, in *Diálogos: Protágoras, Górgias, Fedão*. Belém: EDUFPA, 2002.

Kant chama uso privado acaba por ser, de algum modo, o uso que faz o funcionário. E o funcionário, o agente estatal, diz ele, não tem o direito de dizer ao seu superior: "Eu não te obedeço e tua ordem é absurda". A obediência de cada indivíduo, na medida em que faz parte do Estado, ao seu superior, ao soberano ou ao representante do soberano, é o que ele, curiosamente, chama uso privado.[7]

> *Estou de acordo com o senhor, eu me enganei. Mas resulta, contudo, que há, nesse artigo, limites à manifestação da coragem. Ora, esses limites, encontrei-os em toda parte, em todos os* Aufklärer, *em Mendelssohn evidentemente. Há, no movimento da* Aufklärung *alemã, uma parcela de conformismo que não se encontra mesmo no Iluminismo francês do século XVIII.*

Estou inteiramente de acordo. Não vejo muito bem em que isso contesta o que eu disse.

> *Eu não creio que haja um vínculo histórico íntimo entre o movimento da Aufklärung, que você considerou central, e o desenvolvimento da atitude crítica, da atitude de resistência, do ponto de vista intelectual ou do ponto de vista político. Você não crê que se possa fornecer esse esclarecimento?*

Não creio, por um lado, que Kant tenha se sentido alheio à *Aufklärung*, que era para ele justamente a sua atualidade e aquilo no interior do qual ele intervinha, não apenas com esse artigo sobre a *Aufklärung*, mas em muitas outras coisas...

> *A palavra* Aufklärung *se encontra em* A religião nos limites da simples razão,[8] *mas aplica-se ali à pureza dos sentimentos, a alguma coisa interior. Produziu-se uma inversão, como em Rousseau.*

---

7 Cf. I. Kant, "Resposta à pergunta: Que é 'Esclarecimento' ['Aufklärung']?", op. cit., pp. 104–05. Para um comentário mais detalhado sobre a distinção kantiana entre uso público e uso privado da razão, ver GSA, pp. 34–38 [pp. 35–38] e "What is Enlightenment?", op. cit., pp. 1384–86 ["O que são as Luzes?", pp. 339–40].

8 Ver I. Kant, *La religion dans les limites de la simple raison* [1793], trad. fr. J. Gibelin, revista por M. Naar. Paris: Vrin, 1994, pp. 95 e 149 (nota 1), 195–96

Gostaria de terminar o que estava dizendo... Então, Kant se sente perfeitamente vinculado a essa atualidade que chama *Aufklärung* e que ele procura definir. E, com relação a esse movimento da *Aufklärung,* parece-me que ele introduz uma dimensão que podemos considerar como mais particular ou, ao contrário, mais geral e mais radical, que é a seguinte: a primeira audácia que se deve pôr em ação, quando se trata do saber e do conhecimento, é conhecer o que se pode conhecer. É essa a radicalidade e, para Kant, aliás, a universalidade do seu empreendimento. Acredito nesse parentesco, quaisquer que sejam os limites, é claro, das audácias do *Aufklärer*. Não vejo em que o fato da timidez dos *Aufklärer* mudaria o que quer que seja nessa espécie de movimento que Kant fez e do qual, creio eu, ele esteve relativamente consciente.

[HB] *Mas creio que a filosofia crítica representa um movimento, ao mesmo tempo, de restrição e de radicalização em relação à* Aufklärung *em geral.*

Mas o vínculo com a *Aufklärung* era a questão de todo mundo naquela época. O que nós estamos dizendo, o que é esse movimento que nos precedeu um pouco, ao qual ainda pertencemos e que se chama a *Aufklärung*? A melhor prova é que o jornal tinha publicado uma série de artigos, o de Mendelssohn, o de Kant...[9] Era a questão da atualidade.[10] Um pouco como nós nos colocaríamos a questão: o que é a crise dos valores atuais?

[ed. bras.: *A religião nos limites da simples razão*, trad. Bruno Cunha. Rio de Janeiro: Vozes, 2024].

9 O artigo de Mendelssohn foi publicado antes do de Kant. Este, entretanto, não o havia lido quando redigiu o seu.

10 À Sociedade Francesa de Filosofia em 1978, é apenas no debate que Foucault evoca a questão da *Aufklärung* como atualidade à qual Kant se sente ligado e sobre a qual ele se interroga em seu texto. Por outro lado, essa questão desempenha um papel capital em todas as outras intervenções foucaultianas sobre Kant e a *Aufklärung*, ao ponto de Foucault, entre 1983 e 1984, sustentar que o texto de Kant inaugura uma tradição crítica que ele propõe chamar "ontologia de nós mesmos", e que é ao mesmo tempo uma "ontologia do presente" ou uma "ontologia da atualidade". Ver GSA, p. 22 [p. 21] e "Qu'est-ce que les Lumières?", op. cit., pp. 1506–07. É, aliás, significativo que, em uma entrevista concedida no Japão em abril de 1978, Foucault afirme que Nietzsche tenha sido o primeiro a

[JEANNE DUBOUCHET] *Gostaria de perguntar o que você coloca como a matéria do saber. Creio ter compreendido que é o poder, pois era uma questão de não ser governado: mas qual ordem de saber?*

Justamente, se emprego essa palavra é, uma vez mais, essencialmente a fim de neutralizar tudo que pudesse ser legitimação ou apenas hierarquização de valores. Se me permitem, para mim – por escandaloso que isto possa e deva parecer aos olhos de um erudito, ou de um metodólogo, ou mesmo de um historiador das ciências –, para mim, entre a proposição de um psiquiatra e uma demonstração matemática, quando eu falo de saber, eu não faço, provisoriamente, diferença. Eu introduziria diferenças somente para saber quais são os efeitos de poder, se me permitem, de indução – indução não no sentido lógico do termo – que essa proposição pode ter, por um lado, no interior do domínio científico, no interior do qual é formulada – as matemáticas, a psiquiatria etc. – e, por outro lado, quais são as redes de poder institucionais, não discursivas, não formalizáveis, não especialmente científicas às quais ela está ligada tão logo é colocada em circulação. É isso que eu denomino saber: os elementos de conhecimento que, qualquer que seja o seu valor com relação a nós, com relação a um espírito puro, exercem, no interior do seu domínio e fora dele, efeitos de poder.

[HG] *Creio que me resta apenas agradecer a Michel Foucault por nos ter proporcionado uma sessão tão interessante e que certamente dará lugar a uma publicação que será particularmente importante.*

Eu agradeço a vocês.

---

ter definido a filosofia “como sendo a atividade que serve para saber o que está acontecendo e o que acontece agora” (“filosofia do presente, filosofia do acontecimento, filosofia do que se passa”) e, consequentemente, ter atribuído ao filósofo o papel de “diagnosticador” da atualidade. Ver “La scène de la philosophie”, op. cit., pp. 573–74 [“A cena da filosofia”, p. 225].

A CULTURA DE SI

1983

Conferência proferida por Michel Foucault na Universidade da Califórnia em Berkeley em 12 de abril de 1983. Tradução de Claudio Medeiros.

Em um diálogo escrito no fim do século II d.C., Luciano nos apresenta certo Hermótimo, que caminha pela rua murmurando. Um amigo seu, Licínio, ao vê-lo, atravessa a rua e pergunta: "O que você está murmurando?". Ao que ele responde: "Estou tentando me lembrar do que eu devo dizer a meu mestre". Da conversa entre os dois, Hermótimo e Licínio, descobrimos que Hermótimo frequenta seu mestre há vinte anos, que ele está quase falido por causa do alto custo de suas preciosas lições e que necessitaria de mais vinte anos para finalizar sua formação. Mas descobrimos também o assunto dessas lições: o mestre o ensina a cuidar de si mesmo da melhor forma possível.[1] Estou certo de que ninguém aqui é um Hermótimo moderno, mas aposto que quase todo mundo conhece ao menos uma dessas pessoas que, nos dias de hoje, frequentam regularmente esse gênero de mestre que recebe dinheiro para ensinar como tomar conta de si mesmo. Felizmente, eu não me recordo, nem em francês, inglês ou alemão, do nome desses mestres modernos. Na Antiguidade, eram conhecidos como "filósofos".

A fim de explicar por que me interesso pelo tema da "cultura de si" enquanto questão filosófica e histórica, gostaria de tomar como ponto de partida um pequeno texto escrito por Kant em 1784: "Was

1 Luciano de Samósata, "Hermótimo ou as escolas filosóficas" [séc. II d.C.], in Luciano [II], trad. Custódio Magueijo. Coimbra: Imprensa da Universidade de Coimbra, 2012, pp. 231–34. Foucault já havia mencionado esse texto na aula do dia 20 de janeiro de 1982, em seu curso, no Collège de France, A Hermenêutica do Sujeito, e ele o retoma, bem rapidamente, no terceiro volume de *História da sexualidade: O cuidado de si.* Ver HS, pp. 89–90 [pp. 84–85]; SS, pp. 64–65 [pp. 64–65].

ist Aufklärung?" (O que é Iluminismo?).[2] O texto era uma resposta a uma questão publicada na *Berlinische Monatsschrift*, e, à mesma questão, Moses Mendelsson também deu sua própria resposta,[3] publicada dois meses antes de Kant. Eu creio que seria importante dar certa atenção a esse texto. Primeiramente, convém salientar que o movimento filosófico alemão, através de Kant e a *Haskalá* judaica, através de Mendelssohn, confrontam-se, ao mesmo tempo, com o mesmo tema: "Was ist Aufklärung?".[4] É preciso também prestar atenção nesse gênero de interrogação filosófica acerca do presente.[5] Pois bem, eu sei que essa não é a primeira vez que filósofos

---

2 Immanuel Kant, "Resposta à pergunta: Que é 'Esclarecimento' ['*Aufklärung*']?" [1784], in E. Carneiro Leão (org.), *Immanuel Kant – textos seletos*, trad. Floriano de Sousa Fernandes. Petrópolis: Vozes, 1985, pp. 100–16.

3 Ver Moses Mendelssohn, "Sobre a pergunta: O que quer dizer ilustrar?". *Discurso*, n. 19, 1992, pp. 61–65.

4 Sobre o encontro entre a *Aufklärung* filosófica e a *Haskalá*, o "Iluminismo judaico", ver GSA, pp. 10–11 [pp. 10–12] e "What is Enlightenment?" [1984], in DE II, n. 339, p. 1382 ["O que são as Luzes?", p. 336]. Sobre a Haskalá, ver igualmente F. Gros, in GSA, p. 23, nota 12 [p. 23, nota 12].

5 A discussão sobre o artigo de Kant, à luz da emergência dessa questão filosófica acerca do presente, da atualidade, do "hoje" – e do que nós somos neste exato momento histórico – sem dúvida alguma pode ser considerada o elemento mais constante da série de textos que Foucault dedica a "Was ist Aufklärung?". Ver "Introduction par Michel Foucault" [1978], in DE II, n. 219, p. 431 ["Introdução por Michel Foucault", pp. 427–28]; "Pour une morale de l'inconfort" [1979], in DE II, n. 266, p. 783 ["Para uma moral do desconforto", pp. 279–80]; "Le sujet et le pouvoir" [1982], in DE II, n. 306, pp. 1050–51 ["O sujeito e o poder", pp. 127–28]; "Structuralisme et poststructuralisme" [1983], in DE II, n. 330, p. 1267 ["Estruturalismo e pós-estruturalismo", pp. 324–25]; "What is Enlightenment?", op. cit., pp. 1381–83, 1386–87 ["O que são as Luzes?", pp. 344–51]; "Qu'est-ce que les Lumières?", op. cit., pp. 1498–1501; "La vie: L'expérience et la science" [1985], in DE II, n. 361, pp. 1584–85 ["A vida: Experiência e ciência", pp. 354–55]; "La technologie politique des individus" [1988], in DE II, n. 364, pp. 1632–33 ["A tecnologia política dos indivíduos", p. 301]; GSA, pp. 12–16 [pp. 12–16]. Essa questão também está no centro da resposta que ele ofereceu em um debate ocasionado pelas "Conferências Tanner", em Stanford em outubro de 1979: "O que tenho a dizer é que sinto uma semelhança profunda entre vários pensadores alemães e eu, sobretudo o pessoal da Escola de Frankfurt. Acredito que, na França e na Alemanha, um dos problemas filosóficos mais importantes, mais duradouros, é o da *Aufklärung*, o problema do que ocorreu na segunda metade do século XVIII, quando alguma coisa aconteceu com a sociedade, a cultura, a ciência, a literatura, com o sistema de autoridade e com o de racionalidade. 'O que é *Aufklärung*?', 'O que

é Iluminismo?': o que tudo isso significa? Quais as implicações disso? Penso que isso ainda é um dos problemas mais importantes. É preciso lembrar que Kant escreveu, em 1784, um texto deveras interessante, de nome 'O que é *Aufklärung*?', e penso que foi a primeira vez na história do pensamento ocidental que um filósofo colocou a questão: o que está acontecendo agora? A introdução desse tipo de pergunta no campo da filosofia, a introdução do 'hoje' como categoria filosófica, foi algo muito importante, muito estranho também e, de todo modo, decisivo para a história de nossa filosofia. Antes disso, nem Descartes, nem Spinoza ou Leibniz, nem filósofos como Hobbes ou Hume – que se interessaram, de maneira profunda, pela própria história, pela própria sociedade, que estiveram mais engajados nos problemas políticos que Descartes ou Spinoza – introduziram ou formularam, em termos filosóficos, o problema: 'O que está acontecendo hoje? O que é esse *hoje*? O que é nossa atualidade? E o que somos nós? Como podemos ser nossos próprios contemporâneos?'. Essa é a questão para Kant, e penso que, em certo sentido, é possível reinterpretar sua obra, até mesmo as três *Críticas*, partindo da pergunta 'O que é *Aufklärung*?'; e, de certa maneira, mesmo a *Crítica da razão pura* é, de alguma forma, uma resposta à questão 'O que é *Aufklärung*?', e acredito ser possível demonstrar que a *Crítica da razão pura* é uma resposta a essa questão. *A fenomenologia do espírito* de Hegel não é outra coisa senão uma resposta à questão 'O que é *Aufklärung*?', com a diferença de que *Aufklärung* é a história total do mundo. Mas o problema é o seguinte: o que está acontecendo agora, no presente, e o que significam os fatos e o mundo dos quais somos contemporâneos? Essa também era, claro, a questão de Nietzsche. Toda a filosofia de Nietzsche, toda a obra de Nietzsche tem a ver com diagnosticar o que ocorre no mundo atual, diagnosticar o 'hoje'. E acredito que esse tipo de pergunta, a uma só vez histórica e política, a uma só vez histórica e atual, enquanto questão filosófica, é bem característica do pensamento alemão que vai do século XIX até o XX; e acredito que alguns pensadores franceses – que não vou nomear [Foucault provavelmente está pensando em Koyré, Bachelard, Cavaillès e Canguilhem; ver "Introduction par Michel Foucault", op. cit., pp. 432–33 ["Introdução por Michel Foucault", p. 429] e "La vie: L'expérience et la Science", op. cit., p. 1586 ["A vida: A experiência e a ciência", p. 353] – colocaram o problema filosófico nos mesmos termos. Ao menos no que me diz respeito, se eu tivesse que indicar qual é a minha família filosófica, diria que ela é composta de todos os filósofos que transformaram a questão sobre o sentido do 'hoje' ou o diagnóstico da atualidade na principal questão filosófica. E, nesse sentido, eu me sinto, por exemplo, bem próximo do pessoal da Escola de Frankfurt, ainda que não esteja de acordo com tudo que dizem. Tudo que tenho tentado fazer apresenta, é claro, divergências com a Escola de Frankfurt. Sobre a prisão, por exemplo: se escrevi um livro a respeito disso, é porque a obra de Kirschheimer e Rusche [ver G. Rusche e O. Kirschheimer, *Punishment and Social Structures*. New York: Columbia University Press, 1939], que é muito boa e muito interessante, não me satisfaz em vários pontos. Mas é minha família, é minha família filosófica. Devo dizer, aliás, que Heidegger também é um desses filósofos cujo principal problema é: 'O que é *Aufklärung*?'. Ou, em outras palavras, qual é a significação, a significação

se interrogam sobre seu próprio presente, sobre o sentido histórico, religioso ou filosófico do presente. Mas, na maior parte das vezes, essas interrogações abrangem ou uma comparação entre o momento presente e aquele que o precede ou anunciam um porvir através de sinais que devem ser decifrados. Na maioria dos casos, a questão do presente é uma questão que tem por objeto o declínio ou o progresso, a proximidade de uma nova era ou a chegada dos últimos dias. No texto de Kant, a questão é colocada nos termos de uma realização muito particular da história geral da razão, ou, mais precisamente, da história geral do uso que fazemos da nossa própria razão. E esse tipo de interrogação é interessante por duas razões. A primeira é que frequentemente se atribui, ao século XVIII, uma concepção universal da razão, e essa hipótese é exata. Mas o século XVIII também esteve consciente das mudanças históricas no uso da razão, e a representação que Kant deu a essas mudanças históricas é bastante diferente de um simples progresso ou desenvolvimento da razão. Porém, eu creio haver uma outra justificativa para dar atenção a esse escrito de Kant sobre o Iluminismo. Esse texto, creio eu, introduziu, no campo da reflexão filosófica, um novo gênero de questão: a questão da natureza, do sentido, da significação histórica e filosófica do momento preciso em que o filósofo escreve e do qual ele próprio faz parte. Eu não quero dizer que os filósofos que precederam Kant não estavam conscientes do seu próprio presente e que não se importavam com isso. Hobbes, Descartes, Spinoza, Leibniz levaram em conta sua própria situação e a situação do mundo do qual eram contemporâneos, assim como fizeram Platão e Santo Agostinho. Mas, para Descartes, o fracasso

histórica, ou a significação meta-histórica, deste momento que é o meu próprio presente e que é o momento em que escrevo esta exata pergunta? A atualidade do pensamento, assim como a relação entre essa atualidade e um acontecimento distante na história do pensamento – isso me parece algo bem peculiar". Ver, também, *Discussion with Michel Foucault*. IMEC / Fonds Michel Foucault, D 250(8), pp. 40–41: "Penso que devemos à *Aufklärung* essa atitude crítica à qual pertence todo um grupo de pessoas, eu incluso: de saber que há uma tarefa filosófica que consiste na crítica do presente. A filosofia tem como função normalmente permanecer em mudança constante, função de análise crítica do que somos. É nesse sentido que me considero, por inteiro, herdeiro da *Aufklärung*, e não por escolha pessoal, mas porque acredito que a situação é essa, o nosso presente ainda é assim".

das chamadas ciências; para Hobbes, a situação política da Inglaterra; para Leibniz, as controvérsias e querelas religiosas eram as razões para intervir e tentar mudar qualquer coisa nessa situação.

Creio que a questão de Kant sobre a *Aufklärung* queria dizer outra coisa. Ao mesmo tempo, Kant justifica seu próprio projeto filosófico através da análise da atualidade[6] à qual ele pertence e assinala como objetivo de seu trabalho filosófico desempenhar certo papel na história natural, espontânea, da razão. Em seu breve artigo sobre o Iluminismo, Kant levanta uma série de questões que presumo serem características da filosofia moderna: "O que é nossa atualidade enquanto figura histórica? O que nós somos e o que devemos fazer enquanto partes integrantes da atualidade? Por que é necessário filosofar e qual é a tarefa específica da filosofia na relação com essa atualidade?". Creio que essas questões não ficaram encobertas, enterradas, nesse texto tão obscuro de Kant, mas que elas foram ganhando cada vez mais importância na filosofia ocidental. Quando Fichte analisa a Revolução Francesa,[7] não é só porque se interessava por esse acontecimento tão importante, ou apenas porque pensava que deveria escolher entre ser um partidário ou inimigo da Revolução Francesa: precisava saber quem ele era propriamente e qual era o papel de sua própria filosofia nesse acontecimento. De certa maneira, a filosofia de Hegel é uma tentativa de responder a esta questão muito simples: "Qual é o significado deste dia em que Napoleão entrou em Iena após sua vitória?". O *Weltgeist* a cavalo.[8] É essa também, creio eu, a questão de Auguste Comte, é

---

6 Aqui e no trecho seguinte, Foucault sempre pronuncia essa palavra em francês: *actualité*.

7 Ver J. G. Fichte, "Beitrag zur Berichtigung der Urtheile des Publikums über die französische Revolution" [1793], in *Werke – Band VI: Zur Politik und Moral*. Berlin: Walter de Gruyter & Co., 1971 [ed. fran.: *Considérations destinées à rectifier les jugements du public sur la Révolution Française*, trad. J. Barni. Paris: Payot, 1989]. Na aula inaugural do curso, no Collège de France, O Governo de Si e dos Outros, Foucault afirma que Kant retomou a questão da atualidade quatorze anos depois do texto sobre a *Aufklärung*, só que para falar da Revolução Francesa. Ver GSA, pp. 16–21 [pp. 16–22], e "Qu'est-ce que les Lumières?" [1984], in DE II, n. 351, pp. 1501–06.

8 G. W. F. Hegel, "Hegel an Niethammer, 13. Oktober 1806" [ed. fran.: "Lettre du 13 octobre 1806 à Niethammer", in *Correspondance*, t. I, trad. J. Carrère. Paris: Gallimard, 1990, p. 114]. "Vi o Imperador – a alma do mundo – deixar a cidade para

essa a questão de Nietzsche e de Max Weber, é essa também a questão de Husserl, pelo menos na *Krisis*. De Fichte a Husserl, essa questão foi uma das principais orientações da filosofia ocidental. Eu não quero dizer com isso que essas questões se tornaram *a* filosofia em si mesma, mas que elas são um aspecto permanente da atividade filosófica há pelo menos dois séculos. E eu sugeriria que houve uma cesura na filosofia ocidental depois de Kant, não exatamente como consequência da *Crítica*, ela mesma, mas como consequência da questão histórico-crítica: "O que nós somos atualmente?". Creio que podemos encontrar, no campo das atividades filosóficas, desde o século XIX, dois polos interligados que não podem ser reduzidos um ao outro. Num dos polos, encontram-se questões como: "O que é a verdade? Como é possível conhecer a verdade?". É o polo da filosofia enquanto ontologia formal da verdade ou análise crítica do conhecimento. No outro polo, encontram-se questões como: "Qual é a nossa *atualidade*? O que nós somos enquanto partes integrantes dessa *atualidade*? Qual é o objetivo de nossa atividade filosófica na medida em que pertencemos à nossa *atualidade*?". Essas questões tratam do que eu chamaria ontologia histórica de nós mesmos ou história crítica do pensamento.[9]

---

fazer o reconhecimento das suas tropas; é mesmo uma sensação maravilhosa ver um indivíduo que, assim concentrado em um ponto, montado em seu cavalo, estende-se sobre todo o mundo e o domina."

9 Na primeira aula do curso, no Collège de France, O Governo de Si e dos Outros, Foucault afirma, de maneira análoga, que Kant parece ter sido o responsável por fundar "as duas grandes tradições críticas entre as quais se dividiu a filosofia moderna"; de um lado, a "tradição crítica que coloca a questão das condições em que um conhecimento verdadeiro é possível" (o que Foucault chama de "analítica da verdade"); do outro, a tradição que se pergunta pela atualidade, pelo "campo atual das experiências possíveis" (o que Foucault chama de "uma ontologia do presente, uma ontologia da atualidade, uma ontologia da modernidade, uma ontologia de nós mesmos"). Ver GSA, pp. 21–22 [p. 21]. Ver também "Qu'est-ce que les Lumières?", op. cit., pp. 1506–07. No artigo de 1984 sobre Kant e a *Aufklärung* que Foucault publicou nos Estados Unidos, ele fala de uma "ontologia histórica de nós mesmos", assim como de uma "ontologia crítica de nós mesmos", ou seja, uma "atitude", um "*êthos* filosófico que seria possível caracterizar como crítica permanente de nosso ser histórico". Ver "What is Enlightenment?", op. cit., pp. 1390, 1393, 1396 ["O que são as Luzes?", pp. 345–48]. No ciclo de conferências realizadas na Universidade da Califórnia em Berkeley, no outono de 1983, ele retorna à tradição da analítica da verdade com a questão de "como garantir que

Foi no quadro desse segundo gênero de questões que realizei diversos estudos históricos sobre a loucura ou a medicina, o crime e a punição, a sexualidade. Sem dúvidas, houve muitas maneiras, e sempre há muitas maneiras, de tratar essas questões relativas à nossa ontologia histórica. Mas acredito que toda história ontológica de nós mesmos deve analisar três conjuntos de relações: nossas relações com a verdade, nossas relações com o dever e nossas relações com nós mesmos e com os outros.[10] Ou, para dizer de outra maneira, para responder à questão "O que nós somos atualmente?", devemos considerar que somos seres pensantes, pois é através do pensamento que somos seres que buscam a verdade, que aceitam ou recusam os deveres, as leis, as coerções e que, enfim, têm relações com si mesmos e com os outros. Meu objetivo não é responder à questão geral "O que é o ser pensante?"; meu objetivo é responder à questão "Como a história do nosso pensamento – isto é, nossa relação com a verdade, com o dever, com nós mesmos e com os outros – faz de nós o que somos?". Em resumo: "Como podemos analisar o modo como nós mesmos fomos formados através da história do nosso pensamento?". E, por "pensamento", não me refiro exclusivamente à filosofia, nem ao pensamento teórico, nem ao

---

uma afirmação é verdadeira", enquanto, na pergunta pela "importância de dizer a verdade, de saber quem é capaz de dizer a verdade, e saber por que devemos dizer a verdade, temos as raízes do que poderíamos chamar a tradição 'crítica' do Ocidente". E é por isso que, analisando a *parresía*, Foucault afirma querer construir "uma genealogia da atitude crítica na sociedade ocidental". Ver *Discourse and Truth*, IMEC/Fonds Michel Foucault, C 100(2) e C 100(11) [DV, p. 112].

10 No artigo de 1984 sobre Kant e a *Aufklärung* publicado nos Estados Unidos, Foucault menciona "três eixos dos quais é preciso analisar a especificidade e o intricamento" sob a perspectiva de uma "ontologia histórica de nós mesmos", a saber: "o eixo do saber, o eixo do poder e o eixo da ética". Ver "What is Enlightenment?", op. cit., p. 1395 ["O que são as Luzes?", p. 350]. Analogamente, durante a discussão com Hubert Dreyfus e Paul Rabinow que ocorreu em abril de 1983 em Berkeley, Foucault afirma o seguinte: "Há três domínios de genealogias possíveis. Em primeiro lugar, a ontologia histórica de nós mesmos na relação com a verdade, em que nos constituímos como sujeitos de conhecimento; [em segundo lugar,] a ontologia histórica na relação com o poder, em que nos constituímos como sujeitos agindo sobre os outros; em terceiro lugar, a ontologia histórica na relação ética, em que nos constituímos como sujeitos de nossa própria ação moral". Ver *Discussion with Michel Foucault*, op. cit., D 250(9), p. 1.

conhecimento científico; não quero analisar o que as pessoas pensam por oposição ao que elas fazem, mas o que elas pensam quando fazem o que fazem.[11] O que gostaria de analisar é o sentido que elas dão à sua própria conduta, o modo como integram sua conduta em estratégias gerais, o tipo de racionalidade que elas reconhecem em suas diferentes práticas, instituições, modelos e condutas. [M: Meu problema é analisar, através das práticas sociais, as instituições, os tipos de conduta, o que foi a relação com a verdade, a relação com a lei e com o dever, a relação com nós mesmos.] **Quando estudava a loucura e a psiquiatria, o crime e a punição, fui levado a enfatizar primeiramente nossa relação com a verdade e com o dever. Estudando hoje a constituição de nossa experiência da sexualidade, sou progressivamente levado a prestar atenção nas relações consigo e nas técnicas através das quais essas relações foram moldadas.**[12]

—

Para analisar as técnicas de si, gostaria de tomar como ponto de partida uma noção que foi, creio eu, muito importante na cultura grega e romana. Tentarei, nesta noite, apresentar a vocês um pequeno esboço de problemas ligados a essa noção, e talvez possamos elaborar uma pequena síntese durante as reuniões e os seminários que teremos ao longo das próximas semanas.[13] **A noção que elegi como ponto de partida é o que os gregos chamavam de *epiméleia heautoû* e os latinos *cura sui*.**[14] **Não é exatamente**

11 Ver "Préface à l'Histoire de la sexualité" [1984], in DE II, n. 340, pp. 1398–1400 ["Prefácio à História da sexualidade", pp. 208–10]. Sobre o projeto foucaultiano de uma "história do pensamento", em oposição à "história das ideias", ver, entre outros, "Polémique, politique et problématisations" [1984], in DE II, n. 342, pp. 1416–17 ["Polêmica, política e problematizações", pp. 231–33]; "Foucault" [1984], in DE II, n. 345, pp. 1450–51 ["Foucault", pp. 234–35]; "Le souci de la vérité" [1984], entrevista com F. Ewald, in DE II, n. 347, pp. 1487–88 ["O cuidado com a verdade", p. 241].

12 Ver OHS, pp. 37–39. Ver também "Séxualité et solitude" [1981], in DE II, n. 295, pp. 989–90 ["Sexualidade e solidão", pp. 94–95]; "Les techniques de soi" [1988], in DE II, n. 363, p. 1604 ["As técnicas de si", pp. 266–67]; "La technologie politique des individus", op. cit., p. 1633 ["A tecnologia política dos indivíduos", pp. 301–08].

13 Foucault faz alusão aos três debates organizados nos dias seguintes à conferência nos departamentos de Filosofia, História e Língua Francesa da Universidade da Califórnia em Berkeley, todos eles reproduzidos na presente edição.

14 A noção de "cuidado de si" (*epiméleia heautoû*) é alocada de maneira explícita,

fácil traduzir esses termos, mas vou tentar: *epiméleia heautoû* é algo como "o cuidado de si". A forma verbal *epimeleísthai heautoû* significa "ocupar-se de si". O preceito segundo o qual se deve *epimeleísthai heautoû* foi, para os gregos e romanos, um dos maiores princípios éticos, uma das regras maiores de sua arte de viver, e isso durante quase mil anos.

Lancemos um rápido olhar sobre alguns momentos marcantes desse longo período. Inicialmente, o próprio Sócrates. Na *Apologia*, escrita por Platão, vê-se Sócrates se apresentar diante dos juízes como o mestre do cuidado de si. Ele interpela os transeuntes e lhes diz: "Vocês cuidam das vossas riquezas, da vossa reputação, da honra, mas não cuidam da vossa virtude e alma". E Sócrates zela para que seus cidadãos tomem conta de cuidarem de si mesmos: ele considera que *essa* tarefa lhe foi confiada pelo deus e não a abandonará até o último suspiro.[15]

Oito séculos mais tarde, a mesma noção de cuidado de si, de *epiméleia heautoû*, aparece com um papel igualmente importante em um autor cristão, Gregório de Níssa. Mas, em Gregório de Níssa, ela aparece com um sentido totalmente diferente. Por *epiméleia heautoû*, ele designa o movimento pelo qual renunciamos ao casamento, libertamo-nos da carne e, graças à virgindade do coração e do espírito, recuperamos a imortalidade da qual fomos privados.[16] Em uma outra passagem do mesmo tratado, o *Tratado*

---

por Foucault, no centro das suas investigações histórico-filosóficas, a partir da aula inaugural do curso, no Collège de France, A Hermenêutica do Sujeito (ver pp. 4 ss.), percorrendo a maior parte de seus trabalhos até a publicação, em junho de 1984, do terceiro volume de *História da sexualidade: O cuidado de si*.

15 Platão, *Apologia de Sócrates* [séc. IV a. C.], trad. Carlos Alberto Nunes. Belém: Ed. da UFPA, 2023, p. 125. Para uma análise de três passagens da *Apologia de Sócrates* a partir da perspectiva do cuidado de si, ver HS, pp. 7–10 [pp. 6–8]. Foucault retorna a esse texto platônico mais uma vez nos cursos dados no Collège de France em 1983 e 1984, porém o centro de sua análise passa a ser a *parresía* socrática. Ver GSA, pp. 286–300 [pp. 286–301]; CV, pp. 68–84 [pp. 63–79].

16 Ver Gregório de Níssa, *Traité de la virginité* [séc. IV d. C.], XIII, trad. fr. M. Aubineau. Paris: Éditions du Cerf, 1966, pp. 423–31. Ver HS, p. 12 [p. 11]; "L'herméneutique du sujet" [1982], in DE II, n. 323, pp. 1172–73 ["A hermenêutica do sujeito", p. 178]; "L'éthique du souci de soi comme pratique de la liberté" [1984], in DE II, n. 356, p. 1535 ["A ética do cuidado de si como prática da liberdade", pp. 272–73]; "Les techniques de soi", op. cit., p. 1606 ["As técnicas de si", pp. 268–69].

da virgindade, Gregório de Níssa faz da parábola da dracma perdida o modelo do cuidado de si. Por uma dracma perdida, deve-se acender uma lâmpada, revirar a casa inteira, averiguar cada canto até ver brilhar na escuridão a peça de metal. Da mesma maneira, para recuperar a efígie que Deus imprimiu em nossa alma, e que o corpo ofuscou, deve-se cuidar de si mesmo, acender a lâmpada da razão e vasculhar em cada recanto da alma.[17]

Entre esses dois pontos de referência extremos, Sócrates e Gregório de Níssa, pode-se constatar o quanto o cuidado de si representou não apenas um princípio constante, mas uma prática muito importante. Entre os filósofos que reivindicavam ser conselheiros de vida e guias da existência, o princípio de ocupar-se de si era aceito quase universalmente. Seguindo seu mestre, os epicuristas reiteram que nunca é cedo demais nem tarde demais para se ocupar da própria alma. Musônio Rufo, entre os estoicos, declara também: "É por estarmos permanentemente atentos a nós mesmo que garantimos a saúde";[18] ou Sêneca: Deve se "ocupar de tua alma", "ocupar-se de si mesmo", sem perder tempo "retirar-se para dentro de si mesmo e lá permanecer".[19] Dião Crisóstomo profere um discurso sobre a necessidade de uma *eis heautón anachóresis*, de fazer um retiro em si mesmo;[20] e Galeno, estimando o tempo necessário para formar um médico, um orador ou um gramático, conclui que é necessário ainda mais tempo para formar

17 Ver Gregório de Níssa, *Traité de la virginité*, op. cit., XII, 3, pp. 411–17. Ver Foucault, "L'herméneutique du sujet", op. cit., p. 1173 ["A hermenêutica do sujeito", p. 178]; "Les techniques de soi", op. cit., p. 1606 ["As técnicas de si", pp. 268–69]. Foucault retorna a esse mesmo capítulo do *Traité de la virginité* de Gregório de Níssa também na última aula de seu curso, no Collège de France, A Coragem da Verdade, em que ele insiste na ideia de uma "*parresía* de *vis-à-vis*, de face a face com Deus". Ver CV, p. 303 [p. 292].

18 Ver Plutarco, *Du contrôle de la colère* [sécs. I–II d. C.], 453d, in *Œuvres morales*, t. VII-2, trad. fr. J. Dumortier e J. Defradas. Paris: Les Belles Lettres, 1975, p. 59: "Dentre as belas máxima de Musônio que guardamos na memória, há uma como segue: é preciso cuidar de si mesmo constantemente se se quer viver de forma saudável".

19 Ver SS, pp. 60–61 [pp. 51–52].

20 Dião de Prusa [Dião Crisóstomo], "Discourse 20 – On Retirement (*Perì anachoréseos*)", in *Discourses*, t. II, trad. ing. J. W. Cohoon. London/Loeb: Classical Library, 1959, pp. 246–69.

um homem realizado: "Anos e anos, ele diz, consagrados a se ocupar de si".[21] Epicteto, em uma das suas *Diatribes*, dá essa definição de ser humano: "O homem é o único gênero de ser sobre a terra que deve cuidar de si mesmo".[22] A natureza forneceu aos animais tudo de que necessitam; os humanos não são dotados do mesmo equipamento natural, mas devemos entender que a necessidade que temos de cuidar de nós mesmos é um dom suplementar que nos foi concedido. Deus nos confiou a nós mesmos e, por meio disso, deu-nos a possibilidade e o dever de sermos livres. Para Epicteto, a *epiméleia heautoû*, que é ontologicamente ligada à finitude humana, é a forma prática da liberdade. E é, ao cuidar de si mesmo, que o ser humano se torna semelhante a Deus; Deus que não tem nada que fazer senão cuidar de si mesmo.

Para nós, hoje em dia, a noção de cuidado de si está ofuscada e obscurecida. Ela parece ter sido encoberta pelo preceito socrático *gnôthi seautón*, ou pelos princípios cristãos de ascetismo que implicam a renúncia de si, a tal ponto que, se nos perguntarem qual era o princípio moral mais importante e mais característico da filosofia antiga, a resposta que virá imediatamente ao espírito não é *epímele seautoû*, "cuida de ti mesmo", mas *gnôthi seautón*, "conhece-te a ti mesmo". Talvez nossa tradição filosófica e histórica tenha superestimado um pouco a importância do *gnôthi seautón*, do "conhece-te a ti mesmo". Deve-se lembrar que a regra do "conhece-te a ti mesmo" era, de fato, na cultura antiga, constantemente associada ao cuidado de si. E, mais do que isso, que o conhecimento de si era considerado um meio para o cuidado de si mesmo.[23] E, quando tratamos o ascetismo cristão, temos o hábito de insistir na regra da renúncia de si e esquecemo-nos de que, na experiência espiritual de certos cristãos dos primeiros séculos, como Gregório de Níssa, renunciar a si era um modo

21 Galeno, *Traité des passions de l'âme et des ses erreurs* [séc. II d. C.], IV, 15–16, trad. fr. R. Van Der Elst. Paris: Delagrave, 1914, p. 41: "Pois é uma pena que se aceite trabalhar por tantos anos com o intuito de se tornar um bom médico, gramático, matemático, mas não com o de se tornar um homem bom".

22 Epicteto, *Entretiens* [sécs. I-II d. C.], I, 16, 1–3, trad. fr. J. Souilhé. Paris: Les Belles Lettres, 1948, p. 61.

23 Ver HS, pp. 5–6 [pp. 5–6]; "Les techniques de soi", op. cit., pp. 1605–06 ["As técnicas de si", pp. 273–74].

de cuidar de si mesmo, ou pelo menos uma nova forma da antiga *epiméleia heautoû* filosófica. Creio que não devamos perder de vista que essas duas grandes figuras da experiência ocidental de si, o conhecimento de si e o ascetismo, são enraizadas em uma tradição multissecular do cuidado de si – sendo o cuidado de si, na cultura greco-romana, de uma só vez, uma noção, um preceito, uma atitude e uma técnica: uma matriz prática da experiência de si. A maioria dos historiadores da filosofia antiga se interessam pelo desenvolvimento da ontologia e da metafísica, de Parmênides a Aristóteles, passando por Platão. A maior parte dos historiadores das ciências gregas se interessam pelo desenvolvimento do pensamento racional através das matemáticas e da cosmologia. Acredito que valeria a pena estudar também o desenvolvimento de certo tipo de subjetividade, de certo tipo de relação consigo, nessa cultura greco-latina de si. A metafísica grega foi determinante para nossa relação filosófica com o ser; a ciência grega foi determinante para nossa relação racional com o mundo; a cultura greco-romana foi, creio eu, determinante para nossa relação ética com nós mesmos. E, meu sonho, se eu pudesse achar pessoas interessadas por esses mesmos temas, seria empreender uma análise histórica das técnicas de si[24] nas sociedades ocidentais desde o começo da civilização grega.[25]

---

24 Após ter sido apresentada, no outono de 1980, em *L'origine de l'herméneutique de soi* [A origem da hermenêutica de si] (ver OHS, p. 38), a noção de "técnicas de si" – assim como a análise histórica dessas técnicas na Antiguidade – passa a definir um dos eixos principais das pesquisas foucaultianas nos anos oitenta, o que "permite que Foucault problematize um sujeito que não é simplesmente permeado e informado por governamentalidades externas, mas que constrói, por meio de exercícios regulares, uma relação consigo definida". Ver F. Gros, "Situação do curso", in SV, p. 308 [p. 276]. Em uma conferência realizada na Universidade de Vermont em outubro de 1982, Foucault argumenta que o "quadro geral" do estudo das técnicas de si é definido pela questão formulada por Kant, em seu texto sobre a *Aufklärung*: "O que somos neste tempo que é o nosso?". Ver "La technologie politique des individus", op. cit., p. 1632 ["A tecnologia política dos indivíduos", p. 301].

25 Esse projeto de trabalho coletivo sobre a história das técnicas de si nas sociedades ocidentais desde a Antiguidade grega acabou por se concretizar, de certa forma, no seminário conduzido por Foucault na Universidade de Vermont, no outono de 1982. Ver L. H. Martin, H. Gutman e P. H. Hutton (orgs.), *Technologies of the Self: A Seminar with Michel Foucault*. Amherst: University of Massachusetts Press, 1988.

Minha intenção, esta noite, é apresentar-lhes um brevíssimo estudo de certos aspectos dessa cultura de si na civilização grega e greco-romana. E eu gostaria de examinar apenas dois aspectos dessa cultura de si, um no século IV a.C. e o outro nos dois primeiros séculos da nossa era.

Por vezes, diz-se que a cultura de si, na sociedade greco-romana, estava ligada à desintegração das velhas estruturas políticas e sociais: o declínio das cidades, o declínio das velhas aristocracias tradicionais, o desenvolvimento de regimes autocráticos, a importância crescente da vida privada podem ter contribuído para o desenvolvimento de um suposto individualismo. Minha hipótese, no entanto, é que esses processos históricos, se realmente se confirmam, puderam produzir certas mudanças na cultura de si, mas não são, por si só, a razão do grande valor atribuído ao cuidado de si.[26] E esse cuidado de si é amplamente conhecido e altamente

---

26 Ver SS, pp. 55–56 [pp. 55–56], em que Foucault distingue, no interior do que se convencionou chamar de "individualismo", três fenômenos diferentes – "a atitude individualista", "a valorização da vida privada", "a intensidade das relações consigo" – e argumenta que a época imperial não foi a "manifestação de um individualismo crescente", mas o "apogeu" de um fenômeno de longa duração que corresponde à intensificação e à valorização das "relações de si para consigo". Em uma discussão realizada em Berkeley na primavera de 1983, Foucault afirma que "o que ocorreu ali, digamos assim, entre o século IV a.C., Sócrates e depois Epicteto, não foi, como muito se diz frequentemente o nascimento de um individualismo – de maneira geral, associa-se o desenvolvimento do estoicismo, a passagem do primeiro estoicismo para o estoicismo tardio, ao desenvolvimento de um individualismo; ora, acredito que não se trata disso, pois a sabedoria de Epicteto, ou melhor, para não chegar a esse extremo, a sabedoria estoica é que aquele que, mais do que qualquer outra pessoa, vincula-se a toda uma série de obrigações em relação à humanidade é um missionário. Por fim, o retrato do cínico feito por Epicteto no terceiro livro das *Entretiens* [Discursos] o apresenta como um missionário inteiramente devotado aos outros; estamos aqui o mais longe possível do individualismo. Por outro lado, a relação consigo enquanto condição da relação com o outro e o fato de que não se pode ter uma relação com o outro sem se estabelecer certa relação consigo (exercendo uma soberania completa sobre si), creio que isso é um elemento muito importante, e parece-me que esse desenvolvimento da filosofia antiga não tende a fazer aparecer um individualismo, mas a elaborar e intensificar a pertinência da relação consigo. Ver *Discussion with Michel Foucault*, op. cit., D 250(8), pp. 11–12.

valorizado desde, pelo menos, o século IV a. C. Por exemplo, pelo menos segundo Plutarco, um rei de Esparta, quando alguém lhe perguntava por que os espartanos não cultivavam, eles mesmos, suas terras, mas deixavam os Hilotas fazerem o trabalho por eles, respondia: "A razão pela qual não cultivamos nossas terras é que preferimos ocuparmo-nos de nós mesmos".[27] E, em Xenofonte, em sua *Ciropédia*, encontramos Ciro (o modelo de grande rei e de homem realizado segundo Xenofonte), que retorna ao seu palácio depois de grandes vitórias e conquistas importantes; reencontra seus velhos amigos e companheiros e pergunta: "Pois bem, o que faremos agora?". E Ciro dá, ele próprio, a resposta. A resposta não é: "Irei me ocupar, ou iremos nos ocupar, do novo império". Ele diz: "Agora que conquistamos a vitória, devemos cuidar de nós mesmos".[28] A cultura de si não é um fenômeno tardio provocado pelo declínio da cidade clássica; é um fenômeno que apareceu cedo e que, durante a Antiguidade, assumiu diversas formas.

A primeira elaboração filosófica do princípio "deves cuidar de ti mesmo" encontra-se em um diálogo escrito por Platão, o *Alcibíades*.[29] Os neoplatônicos entendiam que esse diálogo devia vir

---

27 Plutarco, "Apophtegmes laconiens" [sécs. I–II d. C.], 271a, in *Œuvres morales*, t. III, trad. fr. F. Fuhrmann. Paris: Les Belles Lettres, 2003, pp. 171–72. Ver HS, pp. 32–33 [pp. 30–31].

28 Xenofonte, "Cyropédie" [séc IV a. C.], livre XVII, cap. V, in *Œuvres*, t. I, trad. fr. P. Chambry. Paris: Garnier-Flammarion, 1967, p. 258: "Quando estavam reunidos, disse-lhes o seguinte: amigos e aliados, até o presente momento, os deuses não pudemos culpar por não terem realizado qualquer um de nossos desejos; se, com todas essas realizações, porém, cada um de nós não puder cuidar de si, alegrando-se com os amigos, então, de bom grado, dessa boa-venturança me despedirei".

29 Platão, *Alcibíades I ou Conhece-te a ti mesmo* [séc. IV a. C.], trad. Celso Vieira. São Paulo: Penguin-Companhia das Letras, 2022. Foucault analisa esse diálogo de maneira detalhada, da perspectiva do cuidado de si, em seu curso A Hermenêutica do Sujeito. Ver HS, pp. 33–46, 50–58, 65–76 e passim [pp. 34–43, 48–55, 62–72]. Ver também "Les techniques de soi", op. cit., pp. 1608–11 ["As técnicas de si", pp. 270–73]. No curso A Coragem da Verdade, Foucault considera *Alcibíades I* e *Laques* como pontos de partida de duas tradições diferentes do cuidado de si e, de maneira mais geral, da filosofia ocidental: "a filosofia como o que, ao inclinar, ao incitar os homens a cuidar de si mesmos, os conduz a essa realidade metafísica que é a da alma, e a filosofia como uma prova de vida, uma prova da existência e a elaboração de uma certa forma e modalidade de vida". De um lado, portanto, a filosofia que faz do "conhecimento da alma uma ontologia do eu" (discurso

primeiro na classificação das obras de Platão. Albino, um neoplatônico do séc. II d. C., diz que "todo jovem naturalmente dotado" que tivesse atingido a idade de filosofar e de praticar a virtude devia começar pelo estudo do *Alcibíades*. E Proclo considerava esse diálogo uma *arché apáses filosofías*, quer dizer, o princípio e o ponto de partida de toda filosofia, porque ensina as pessoas a cuidarem de si mesmas.[30] Com efeito, apesar do subtítulo dado tardiamente a este texto, *Perì anthropínes fýseos* [Sobre a natureza humana], o tema, o assunto do diálogo inteiro, é o *epiméleia heautoû*. Sócrates busca convencer Alcibíades de que ele deve cuidar de si. E eu gostaria de destacar somente três ou quatro pontos na análise do *epiméleia heautoû*.

O primeiro ponto é: por que Alcibíades deve cuidar de si? A razão dada por Sócrates é que ele está em um momento de transição na sua vida. Alcibíades não se contenta com os privilégios de nascença, como sua fortuna e seu status. Ele diz precisamente que não quer passar sua vida, katabiónai, usufruindo de tudo isso. Alcibíades quer prevalecer sobre todos os outros na cidade, e também, fora dela, sobre o rei de Esparta e o soberano da Pérsia. Mas Alcibíades demonstra logo não ser capaz de o conseguir. Ele não recebeu a boa educação da qual desfrutam os jovens espartanos. Ele foi confiado a um velho escravo completamente ignorante, sequer sabe o que as palavras "justiça" e "concórdia" querem dizer. Quando descobre a extensão de sua ignorância, Alcibíades fica em grande embaraço. Ele fica desesperado. Mas Sócrates intervém e lhe diz isto de importante: "Se você tivesse cinquenta anos, a situação seria preocupante: seria tarde demais. Mas você é jovem ainda, e é precisamente este o momento em que deve *epimeleísthai heautoû*, cuidar de si". Assim, como vocês veem, a obrigação de cuidar de si está ligada, antes

---

metafísico) e, de outro, "uma filosofia como prova da vida, do *bíos* que é matéria ética e objeto de uma arte de si" (estética da existência). Ver CV, pp. 117–19, 147–49, 227 [pp. 111–12, 138–41, 216–17].

30 Sobre Albino, Proclo e a classificação das obras platônicas, Foucault se refere ao estudo de A.-J. Festugière, "L'ordre de lecture des dialogues de Platon aux Ve / VIe siècles", in *Études de philosophie grecque*. Paris: Vrin, 1971, pp. 535–50. Sobre os comentários neoplatônicos do *Alcibíades I*, ver HS, pp. 163–67 [pp. 153–57].

de tudo, diretamente à idade do jovem homem, ao seu projeto de governar a cidade e a uma pedagogia deficiente.

Porém, como Alcibíades pode exercer o cuidado de si? Ninguém está apto para auxiliá-lo, ao menos entre o público de admiradores que ele tinha quando era ainda bem jovem. Nesse momento, quando o diálogo começa, ele já ultrapassa os dezesseis ou dezessete anos, está crescido, já tem barba no rosto e não é mais desejável. É precisamente essa a razão da intervenção socrática: Sócrates nutre por Alcibíades um amor filosófico, ele é capaz de ajudá-lo a cuidar de si. Assim, como vocês veem, o cuidado de si está diretamente ligado a uma relação pessoal, um amor pessoal e filosófico do mestre pelo discípulo. Mas Sócrates e Alcibíades devem especificar com clareza o que é o "cuidado de si", devem precisar em que consiste o "cuidado de si". E Sócrates explica que o si não é outra coisa senão a alma, e que cuidar da alma supõe que se saiba o que a alma é realmente. Por consequência, deve-se contemplar a alma, ou melhor, o elemento divino que é a realidade da alma.

Em resumo, pode-se ver que, no *Alcibíades*, [em primeiro lugar,] o cuidado de si está claramente ligado à ambição política de um jovem aristocrata: se queres governar os outros, deves primeiramente cuidar de ti. Em segundo lugar, o cuidado de si está ligado a uma pedagogia deficiente: deves exercer o cuidado de si porque tua educação foi incapaz de ensinar-te o que é necessário que saibas. Em terceiro lugar, está ligado a uma relação erótica e filosófica entre o jovem homem e o mestre e toma principalmente a forma de uma contemplação da alma por ela mesma.

Creio que a cultura de si que surge na cultura greco-romana nos dois primeiros séculos da nossa era é profundamente diferente daquela que encontramos em Alcibíades, Sócrates e Platão. Comparada à *epiméleia tês psychês* socrática, a cultura de si praticada por Sêneca, Dião de Prusa, Epicteto, Plutarco, Marco Aurélio, Galeno etc. difere nos pontos precisos que mencionarei. E, assim, pode-se enxergá-la como uma importante etapa em direção àquilo que será considerado como a tecnologia cristã de si. Essa cultura de si nova, ou nova até certo ponto, que é possível observar na cultura greco-romana dos dois primeiros séculos da nossa era, essa nova cultura de si implica: 1) uma relação permanente consigo e não apenas uma preparação para tornar-se um bom governante da cidade; [2)] ela implica uma relação crítica consigo e não só um complemento a uma pedagogia deficiente; 3) ela implica uma relação de autoridade com o mestre (em vez de uma relação erótica); 4) e ela implica um conjunto de práticas, de práticas ascéticas, muito diferentes da pura contemplação da alma. Creio que essas quatro ideias de uma relação permanente consigo, de uma relação crítica consigo, de uma relação de autoridade com o outro para o exercício do cuidado de si e essa ideia de que exercer o cuidado de si não é pura contemplação, e sim um conjunto de práticas, enfim, tudo isso é característico não só da cultura de si dos primeiros séculos da nossa era mas do cuidado de si cristão e, de certa forma, de nossa própria cultura de si.[31]

Primeiro ponto, o cuidado de si deve ser uma relação consigo permanente. Sócrates, como vocês se lembram, recomendava que Alcibíades aproveitasse sua juventude para ocupar-se de si. Aos cinquenta anos, seria tarde demais. Epicuro, ao contrário – e ele escrevia logo depois de Sócrates, no século III a.C. –, dizia: "Quando se é jovem, não se deve hesitar a filosofar, e quando se é velho também não se deve hesitar a filosofar. Nunca é cedo demais ou tarde demais para cuidar da própria alma".[32] É esse princípio de atenção perpétua a si ao longo de toda sua vida que leva uma clara vantagem. Musônio Rufo diz, por exemplo: "É preciso cuidar

---

31 Sobre as características mais marcantes da "cultura de si" na época do Império, ver HS, pp. 79 ss. [pp. 75 ss.]; "L'herméneutique du sujet", op. cit., pp. 1174–78 ["A hermenêutica do sujeito", pp. 184–87]; SS, pp. 57–85 [pp. 51–92]. Sobre a diferença radical que, a despeito de certas continuidades, Foucault identifica entre a cultura de si greco-romana e a contemporânea (com uma verdadeira "reviravolta" da experiência de si que, ao seu ver, deu-se precisamente no interior do cristianismo), ver "Debate no Departamento de Língua Francesa", infra, pp. 145–48, em parte reproduzido em "On the Genealogy of Ethics: An Overview of Work in Progress", in DE II, n. 326, pp. 1221–22, e "À propos de la généalogie de l'éthique", op. cit., p. 1443 ["Sobre a genealogia da ética", p. 230].

32 Epicuro, "Carta a Meneceu" [séc. III a.C.], in *Cartas e Máximas principais: "Como um deus entre os homens"*, trad. Maria Cecília Gomes dos Reis. São Paulo: Penguin-Companhia das Letras, 2020, p. 85: "Que ninguém demore a filosofar por ser jovem, tampouco se encontrando velho de filosofia se canse. Pois não há quem esteja pouco ou muito maduro para a saúde da alma. E dizer ou que a hora de filosofar ainda não chegou, ou que já passou da hora é igual a dizer não estar ou não ser mais a hora para a felicidade".

incessantemente de si se se quiser levar uma vida saudável".[33] E Galeno: "Para tornar-se um homem realizado, é necessário praticar durante toda uma vida",[34] ainda que seja verdade ser preferível ter zelado por sua alma desde a juventude. É um fato que os amigos aos quais Sêneca e Plutarco dão conselhos não são mais esses jovens ambiciosos e desejáveis aos quais Sócrates se endereçava.[35] São homens, às vezes jovens (como Sereno), às vezes em plena maturidade (como Lucílio, que exercia a importante função de procurador da Sicília quando ele e Sêneca trocaram uma vasta correspondência espiritual). Epicteto mantinha uma escola para pessoas jovens, é verdade, mas também se dirigia eventualmente a adultos, ou mesmo a figuras consulares para lembrá-las da tarefa de cuidarem de si. E Marco Aurélio recolhia suas lições – quando faz isso, exerce a função de imperador, e trata-se, para ele, de vir ao auxílio dele mesmo. Ocupar-se de si não é uma simples preparação momentânea para a vida, é uma forma de vida. Alcibíades se dava conta de que devia se ocupar de si na medida em que queria, em seguida, ocupar-se dos outros. Agora, trata-se de ocupar-se *de* si mesmo e *para* si mesmo.

É daí que vem a ideia muito importante de mudar de atitude a respeito de si, *ad se convertere*, a ideia de um movimento na própria existência através do qual alguém se volta para si como um fim último. Vocês me dirão que a *epistrofé*, a conversão, é um tema tipicamente platônico. Mas, como vimos com *Alcibíades*, o movimento através do qual a alma se volta para si é também o movimento pelo qual seu olhar é atraído para a luz, para a realidade,

---

33 Ver supra, p. 90, nota 18.

34 Galeno, *Traité des passions de l'âme et des ses erreurs*, op. cit., IV, 11, p. 38: "Para se tornar um homem realizado, cada um de nós precisa se exercitar, por assim dizer, a vida inteira. Não é preciso, no entanto, desistir de se aprimorar, ainda que, aos cinquenta anos, sintamos a nossa alma modificada por um defeito que, embora não seja incurável, ainda não foi tratado".

35 Na primeira aula de seu curso, oferecido no Collège de France, A Hermenêutica do Sujeito, Foucault observa que, já na *Apologia de Sócrates*, diferentemente do que ocorre em *Alcibíades I*, o cuidado de si aparece como "função geral de toda a existência", antecipando, assim e em certa medida, a concepção helenístico-romana do cuidado de si como "obrigação permanente de todo indivíduo ao longo de sua existência inteira". Ver HS, pp. 38–39 [pp. 35–36].

para o divino, para as essências e o mundo supraceleste onde as essências se fazem visíveis. O retorno ao qual somos convidados por Sêneca, Plutarco ou Epicteto, esse retorno é bastante diferente.[36] Ele é, por assim dizer, uma meia-volta no mesmo lugar. Não possui outro fim nem outro termo senão se instalar em si e aí permanecer. O objetivo final da conversão a si é estabelecer certo número de relações consigo. Às vezes, essas relações são concebidas segundo um modelo jurídico-político: o objetivo é tornar-se soberano de si, exercer uma perfeita maestria sobre si, tornar-se plenamente independente, ser plenamente para si mesmo (*fieri suum*, como diz com frequência Sêneca). Elas também aparecem com frequência representadas segundo o modelo do usufruto material: usufruir de si mesmo, apreciar-se, conseguir tirar satisfação do seu desejo em si mesmo. De acordo com essa forma de pensar, a cultura de si, a relação consigo, é, de certa forma, orientada segundo uma finalidade interna.

Uma segunda diferença importante concerne à pedagogia. No *Alcibíades*, o cuidado de si era indispensável em razão da insuficiência da pedagogia, complementando a formação e substituindo-a; tratava-se, em todo caso, de proporcionar uma formação. Quando o cuidado de si se torna uma prática adulta, que deve ser praticada ao longo de toda uma vida, seu papel pedagógico tende a desvanecer-se, e outras funções aparecem.

Primeiramente, uma função crítica. A cultura de si deve permitir não apenas a aquisição de novos conhecimentos, mas sobretudo o desembaraço dos maus hábitos, de todas as opiniões falsas oriundas do povo, dos maus mestres, dos pais e de seu entorno. Desaprender, *de-discere*, é uma das importantes tarefas do desenvolvimento de si.

Mas [a cultura de si] tem também uma função de luta. A prática de si é concebida agora como um combate permanente. Não se trata simplesmente de formar, para o porvir, um homem de valor;

36 Na aula de 10 de fevereiro de 1982 de seu curso, no Collège de France, A Hermenêutica do Sujeito, Foucault distingue três formas de "conversão": a *epistrofé* platônica, a conversão helenística e romana e a *metánoia* cristã. Ver HS, pp. 201–09 [pp. 188–95]. Sobre a *epistrofé eis heautón* como objetivo comum das práticas de si na época do império, ver também SS, pp. 81–84 [pp. 83–86].

é preciso dar ao indivíduo as armas e a coragem que lhe permitirão combater durante toda sua vida. Com certeza, vocês sabem o quanto são frequentes essas duas metáforas: a da luta atlética (na vida, somos como o lutador que precisa se desembaraçar de um adversário após o outro e seguir treinando mesmo quando não está em combate) e a metáfora da guerra (o si deve ser organizado como um exército que pode a qualquer momento ser assaltado pelo inimigo). O grande tema cristão do combate espiritual da alma, da luta espiritual da alma, já é um princípio fundamental da cultura de si nesse período do paganismo antigo.

Mas, sobretudo, essa cultura de si tem uma função curativa e terapêutica.[37] Ela está muito mais próxima do modelo médico que do modelo pedagógico. É preciso, evidentemente, recordar alguns fatos antigos que dizem respeito à cultura grega: a existência de uma noção como a de *páthos*, que significa paixão da alma tanto quanto doença do corpo; a amplitude de um campo metafórico que permite referir ao corpo e à alma expressões tais como "curar", "tratar", "amputar", "escarificar", "purgar" etc. É importante também se lembrar do princípio familiar aos epicuristas, cínicos e estoicos segundo o qual o papel da filosofia é curar as doenças da alma. Plutarco chegou um dia a dizer que a filosofia e a medicina constituem *mía chôra*, um só campo, um só domínio.[38] Mas eu gostaria de insistir um pouco mais na correlação prática entre a medicina e a cultura de si. Epicteto não queria que sua escola fosse considerada simplesmente como uma escola ou um lugar de formação. Ele queria, em vez disso, que ela fosse considerada como um consultório médico, que ele denominava *iatreîon*; queria que ela fosse uma clínica da alma e queria que seus discípulos tomassem consciência do fato de que estão doentes. O primeiro deles tem uma torção no ombro, o outro, um abscesso, o terceiro, uma fístula, o outro, enxaqueca. E todos querem aprender o silogismo.

37 Sobre as três funções (crítica, de luta, terapêutica) do cuidado de si na época imperial, ver HS, pp. 90–96, 222, 307–08 [pp. 85–91, 206–07, 445–47]; "L'herméneutique du sujet", op. cit., p. 1176 ["A hermenêutica do sujeito", pp. 181–82]. Sobre a correlação estrita que há entre o cuidado de si e prática e pensamento médicos, ver também SS, pp. 69–74 [pp. 70–75].

38 Plutarco, "Préceptes de santé" [sécs. I–II d. C.], 122e, in *Œuvres morales*, t. II, trad. fr. J. Defradas, J. Hani e R. Klaerr. Paris: Les Belles Lettres, 1985, p. 101.

O primeiro tratamento do qual precisam é um tratamento médico. Eles devem tratar suas feridas, estancar o fluxo dos seus humores, acalmar o espírito.[39] Inversamente, um médico como Galeno reconhece que lhe compete curar a alma das paixões, isto é, das energias desordenadas que se rebelam contra a razão, mas também dos erros que se originam de opiniões falsas. Em *Das paixões e erros da alma*, Galeno se orgulha das curas que pôde realizar com sucesso. Ele tratou de uma pessoa propensa à cólera e curou um jovem rapaz cuja alma estava perturbada por acontecimentos de pouca importância.[40] Todas essas ideias podem hoje parecer muito familiares, e, de fato, elas são; mas eu creio ser muito importante para a história da subjetividade no Ocidente compreender os primeiros laços entre a experiência de si e a prática médica. É importante entender em que momento e sob quais condições a prática médica e a experiência, a experiência íntima de si, são ligadas uma à outra.

E, agora, gostaria de mencionar o terceiro ponto de que falei. Eu queria indicar rapidamente a terceira diferença importante entre ocupar-se de si, no *Alcibíades*, e a prática de si na cultura

39 Foucault se refere a duas passagens das *Entretiens* de Epicteto. A primeira, no livro III, 23, 30–31, trad. J. Souilhé et A. Jagu. Paris: Les Belles Lettres, 1963, p. 92: "É um consultório médico (*iatreîon*), homens, mais do que uma escola de filósofos: não se deve, ao sair, ter experimentado prazer, mas sofrimento. Pois não se vai para lá com boa saúde: um chega com o ombro deslocado, outro com um abscesso, um terceiro com uma fístula, um quarto com dor de cabeça. E então, será que vou me sentar e lhes recitar belos pensamentos e belas frases, para que me cubram de elogios antes de partirem, mas levando embora um o ombro tal como o trouxe, outro a cabeça no mesmo estado, o terceiro sua fístula e o quarto seu abscesso?". A segunda, no livro II, 21, 21–22, trad. J. Souilhé. Paris: Les Belles Lettres, 1949, p. 95: "Se você me perguntar agora: 'São úteis os silogismos?', direi que são úteis e, se quiser, demonstrarei como o são. – Mas, para mim, que utilidade tiveram? – Homem, você não me perguntava se eles são úteis para você, mas se eles são úteis em geral, não é verdade? Se um paciente com disenteria me perguntar se o vinagre é útil, direi que sim. – Ah, mas, para mim, ele é útil? – Eu lhe responderei: não! Primeiro tente apaziguar o seu humor, cicatrizar o seu abscesso. E vocês, senhores, curem primeiro suas feridas, estanquem o fluxo dos humores, acalmem o espírito, venham livres de toda distração para a escola e vocês saberão a força que possui a razão!".

40 Galeno, *Traité des passions de l'âme et des ses erreurs*, op. cit., IV, 13–15, e VII, 28–29, pp. 40–41 e 50–51.

da época imperial. Como vocês devem se lembrar, no diálogo de Platão, a relação erótico-filosófica com o mestre era essencial. Ela constituía o quadro dentro do qual Sócrates e Alcibíades se encarregavam juntos da alma do jovem homem. No primeiro e segundo séculos da nossa era, a relação consigo foi sendo sempre considerada como algo a ser sustentado pela relação com um mestre, um diretor ou, em todo caso, uma outra pessoa, mas como [uma relação] cada vez mais independente da relação amorosa.[41] Em geral, é bastante admissível que não se possa se ocupar de si sem a ajuda de um outro alguém. Sêneca dizia que ninguém é suficientemente forte para libertar-se do estado de *stultitia* no qual se encontra.[42] Porém essas relações necessárias entre discípulo e mestre são, por assim dizer, relações técnicas, ou às vezes administrativas, institucionais, e nada têm a ver com a relação erótica. Existem organizações estritamente escolares; a escola de Epicteto pode servir de exemplo. Há, nessa escola, uma série de relações hierárquicas e formações diferentes. Recebia-se aí um público visitante ao lado dos discípulos que permaneciam por mais tempo para os cursos de maior duração, mas um ensinamento era igualmente dado aos que queriam se tornar filósofos e diretores de almas [como o texto estava obscuro neste ponto do M, corrigimos esta frase]; certas conversas registradas por Arrien são lições técnicas para os futuros praticantes da cultura de si. Encontram-se também, sobretudo em Roma, conselheiros privados instalados no entorno de grandes personagens, fazendo parte de seus grupos ou clientelas. Nada a ver, como vocês podem perceber, com a relação erótica.

---

41 Sobre a "desconexão" progressiva entre o cuidado de si e o erótico ao longo da história do mundo greco-romano, ver HS, pp. 58–59, 330–31 [pp. 55–56, 308–10]; SS, 219–61 [pp. 237–94]. Sobre a desqualificação romana do amor pelos rapazes e a transferência, para o interior do casamento, das características mais marcantes da pederastia, ver SV, pp. 185–200 [pp. 164–78]. Por fim, para uma problematização da relação entre pedagogia e erótica já na Grécia clássica, ver SV, pp. 93–97 [pp. 83–87].

42 Sêneca, *Cartas a Lucílio* [séc. I d. C.], trad. J. A. Segurado Campos. Lisboa: Fundação Calouste Gulbenkian, 2021, carta 52, pp. 176–80. Para uma análise mais detalhada sobre o tema da *stultitia* nesse texto, assim como no *Sobre a tranquilidade da alma*, ver HS, pp. 126–29 [pp. 116–21].

E o último ponto. Não se deve imaginar que essa cultura de si se restrinja a conselhos abstratos dados por filósofos e técnicos da alma a um punhado de discípulos. Não se deve imaginar que essa cultura de si era apenas uma atitude moral. Ela era uma prática amplamente difundida, com uma série de atividades, técnicas e instrumentos variados. Infelizmente, não tenho tempo para me delongar nesse ponto. A título de exemplo, gostaria apenas de sublinhar a importância da escrita na cultura de si.[43] Supõe-se frequentemente que a escrita pessoal é uma descoberta moderna (uma inovação do século XVI ou da Reforma). Na realidade, a relação consigo através da escritura possui uma tradição bem longa no Ocidente. E eu acredito ser possível observar um deslocamento da cultura da memória, que ainda era dominante na atitude socrática, para a prática de escrever e de tomar notas no período greco-romano. A cultura de si desse período incluía o uso de cadernetas pessoais, que se chamavam *hypomnémata*. E, nessas cadernetas pessoais, anotava-se leituras, conversas, os temas de futuras meditações; devia-se também tomar nota dos sonhos, devia-se registrar o emprego do tempo cotidiano.

A escrita de cartas era uma coisa importante nessas práticas de si, porque, numa carta, deve-se cultivar, ao mesmo tempo, uma relação consigo mesmo e a relação com um outro, que pode ser um diretor, ou um amigo, ou alguém a quem se dão conselhos válidos, de uma só vez, para o destinatário e o remetente. Ao mesmo tempo que essas práticas se alastravam, parecia que a experiência de si, especificamente em virtude desse fato, intensificava-se e se expandia. O si torna-se um campo de observação. As cartas de Sêneca e Plínio, a correspondência entre Marco Aurélio e Frontão revelam essa vigilância e a meticulosidade no tocante à atenção que se deve ter consigo. Ela diz respeito, muitas vezes, aos detalhes da vida cotidiana, às ínfimas variações da saúde e do humor, às pequenas doenças físicas que nos acometem, aos movimentos do espírito, às leituras que fazemos, às citações que recordamos, às reflexões sobre tal ou

---

43 Sobre o papel da escritura na cultura de si, em particular no caso das *hypomnémata* e das correspondências, ver HS, pp. 341–45 [pp. 321–23]; "L'écriture de soi" [1983], in DE II, n. 329, pp. 1234–49 ["A escrita de si", pp. 147–62].

qual acontecimento. Certa maneira de se relacionar consigo e todo um campo de experiência são visíveis, ao passo que estão ausentes em documentos anteriores.

E, sob esse ponto de vista, os *Discursos sagrados* de Élio Aristides[44] constituem um notável testemunho. Os textos escritos por ele são demonstrações de gratidão a Asclépio, o deus da saúde. Élio Aristides esteve efetivamente doente por mais de dez anos; mas o interessante é que, nesse texto de gratidão ao deus da saúde, transcreve centenas e centenas de sonhos que teve durante esses dez anos. E esse texto que, em sua forma original, continha mais de trezentos mil versos é um verdadeiro diário não só da doença, mas dos dias e noites de Élio Aristides. Na esteira da gratidão demonstrada ao deus, Élio Aristides escreve um relatório de sua doença, de seu mal-estar, dos sofrimentos, de suas diversas sensações, dos sonhos premonitórios e daqueles sonhos que lhe trouxeram conselhos, sugestões de remédios etc. Sintomas de hipocondria? Isso é certo. Mas o problema não é saber até que ponto Élio Aristides estava doente. O importante é identificar os meios que a cultura de sua época lhe deu para exprimir sua experiência pessoal da doença e para transmiti-la aos outros.

Perdoem-me sobrevoar esses temas assim com tanta rapidez. Eu gostaria de sugerir que o tema do cuidado de si, nessa época, durante o Alto Império Romano, não se encontra numa doutrina filosófica particular; ele é um preceito universal e também uma prática genuína. Vários indivíduos aplicam o código. É uma prática que tem suas instituições, suas regras, seus métodos, suas técnicas, seus exercícios; e é também um modo de experiência, de experiência individual, uma experiência individual e também coletiva, com seus meios e formas de expressão. E é por essas razões que, creio eu, pode-se falar de uma "cultura de si" nesse período.

Para concluir, creio que temos de responder a uma questão que é legítima. Se é verdade, como eu acabei de dizer, que o cuidado de si e todas as suas técnicas correspondentes tiveram tamanha importância na cultura clássica, por que razão esse tema aparentemente desapareceu, ou parece ter desaparecido?

---

44 Élio Aristides, *Discours sacrés* [séc. II d. C.], trad. fr. A.-J. Festugière. Paris: Macula, 1986. Ver "Les techniques de soi", op. cit., p. 1623 ["As técnicas de si", p. 286].

Como é, para dizer as coisas muito simplesmente, que se apresenta a lembrança do *gnôthi seautón* como uma das expressões mais elevadas do pensamento antigo, ao passo que se esqueceu da importância dada, durante tanto tempo, a este outro princípio, *epímele seautoû*, "cuida de ti mesmo"? Parece que se pode encontrar muitas razões para isso.[45] A primeira é o paradoxo ético do ascetismo cristão. Nesse tipo de ascetismo, o cuidado de si deve assumir a forma de um sacrifício: a renúncia de si é o objetivo maior do trabalho que devemos realizar em relação a nós mesmos. A segunda razão é que a maior parte dessas técnicas de si foram integradas, em nosso mundo, a técnicas educacionais e pedagógicas, médicas e psicológicas. As técnicas de si foram integradas a estruturas de autoridade e disciplina, ou deslocadas e transformadas pela opinião pública, pelos meios de comunicação de massa, pelas técnicas de amostragem – que exercem um papel formador na nossa atitude em relação aos outros e a nós mesmos –, de modo que a cultura de si é, hoje em dia, imposta às pessoas por terceiros e perdeu sua independência. A terceira razão é que as ciências humanas pressupõem que a relação principal, majoritária, consigo é essencialmente uma relação de conhecimento. A quarta e última razão é que, na maior parte do tempo, as pessoas acham que o que se deve fazer é desvelar, liberar, desenterrar a realidade oculta do si. Mas o si, creio eu, não deve ser considerado uma realidade capaz de ser ocultada; acredito que o si deve ser considerado como o correlato de tecnologias desenvolvidas ao longo de nossa história. O problema, portanto, não é como emancipar, como "libertar" o si, mas pensar como seria possível elaborarmos novos tipos e novas formas de relações conosco.[46]

---

45 Sobre esse problema, ver também HS, pp. 13–32 [pp. 13–19], em que, entretanto, para responder ao mesmo tipo de perguntas, e após ter falado sobre os "paradoxos da história da moral", Foucault atribui ao "momento cartesiano" a responsabilidade pela requalificação filosófica do *gnôthi seautón* e pela desqualificação do *epiméleia heautoû*.

46 Ver OHS, pp. 90–91. "Talvez o problema do si não seja descobrir o que ele é em sua positividade, talvez o problema seja descobrir um si positivo ou o fundamento positivo do si. Talvez o nosso problema seja, agora, o de descobrir que o si não é nada além do correlato histórico da tecnologia construída ao longo de

nossa história. Talvez o nosso problema seja o de mudar essas tecnologias. E, nesse caso, um dos problemas políticos fundamentais de nossos dias seria, no sentido estrito da palavra, a política de nós mesmos." Em 1982, em "O sujeito e o poder" (op. cit., p. 1051 [p. 128]), depois de mencionar o texto de Kant sobre *Aufklärung* e a "grande tarefa filosófica" que ele havia inaugurado – isto é, "a análise crítica do mundo no qual vivemos" –, Foucault afirma o seguinte: "Sem dúvida, o objetivo principal, hoje, não é descobrir, mas recusar o que nós somos [...]. Poder-se-ia dizer, para concluir, que o problema, ao mesmo tempo, político, ético, social e filosófico que se apresenta a nós, hoje, não é de tentar liberar o indivíduo do Estado e de suas instituições, mas de nos livrarmos, *nós*, do Estado e do tipo de individualização que a ele se prende. Precisamos promover novas formas de subjetividade, recusando o tipo de individualidade que se nos impôs durante vários séculos".

DEBATE NO DEPARTAMENTO DE FILOSOFIA

[...]

Vejam bem, eu não posso lhes dar uma resposta precisa nesse momento, porque ainda estou trabalhando nesse tema. Mas o que me espanta é que certos historiadores da literatura, talvez a maior parte, ou pelo menos alguns entre eles, interessaram-se pela narrativa de si, pela descrição de si ou pela confissão; a maior parte deles se interessou pelo problema da estrutura retórica da narrativa de si: qual é a estrutura retórica desse gênero de descrição de si? Mas o que me interessa – e imagino que isso poderia ser interessante para um estudo sério no campo da literatura – são as relações entre esse tipo de literatura e as técnicas que se podem encontrar na vida espiritual, seja no domínio da filosofia, seja no da religião etc. E eu acredito que foram feitos estudos sobre esse problema específico das relações entre as técnicas espirituais e a literatura durante o século XVI; estudaram-se, por exemplo, as técnicas de exame de si nas igrejas e comunidades protestantes. Quanto à Antiguidade, creio não ter sido a mesma coisa. É muito claro que a experiência espiritual que se pode encontrar, por exemplo, em textos bastante conhecidos, como as *Confissões* de Santo Agostinho, tudo isso é uma coisa que foi sendo preparada ao longo de séculos por esses exercícios de escrita de si. Um escritor cristão do final do século IV, Sinésio, muito representativo das relações entre as culturas cristã e pagã desse período, escreveu um livro interessante sobre a interpretação dos sonhos.[1] É um tipo

1 Sinésio de Cirene, "Traité sur les songes" [sécs. IV–V d. C.], in *Opuscules*, I, trad. fr. N. Aujoulat. Paris: Les Belles Lettres, 2004, pp. 187–311. Ver "Rêver de ses plaisirs: Sur l'"Onirocritique' d'Artémidore" [1983], in DE II, n. 332, p. 1283 ["Sonhar com seus prazeres: Sobre a 'Onirocrítica' de Artemidoro", pp. 164–65]; "À propos de la généalogie de l'éthique", op. cit., p. 1446 ["Sobre a genealogia da ética", p. 233]; "Les techniques de soi", op. cit., pp. 1622–23 ["As técnicas de si", p. 286]; SS, p. 18 [pp. 9–10].

de manual de interpretação dos sonhos. No início do texto, encontram-se várias páginas bem impressionantes em que Sinésio diz: os imperadores proibiram o uso da magia, eles também nos proibiram de consultar os oráculos e esse tipo de práticas; mas, diz Sinésio, isso não tem nenhuma importância, porque vocês carregam, em si mesmos, o oráculo, e esse oráculo é o sonho. O que vocês precisam fazer, então, é só escrever, todo dia de manhã, os sonhos que tiveram durante a noite, conservá-los consigo e relê-los sem cessar, com isso vão dispor de uma interpretação permanente do que se passa em vocês [...]. Isso não é só um manual de interpretação dos sonhos, mas um manual de escrita dos sonhos. E, vejam, podem-se encontrar muitos outros exemplos. O que quero dizer é que essa cultura de si não era só uma ideia filosófica, ela era genuinamente uma prática, uma prática social e uma prática individual, e acredito que a experiência de si mesmo praticada por meio das técnicas foi sendo profundamente modificada ao longo da história da subjetividade. Todo esse gênero de literatura cristã cujo desenvolvimento já se encontra no início do século IV, as narrativas que as pessoas fazem sobre si mesmas, sobre sua conversão, sobre sua relação com Deus etc., foi sendo preparado por isso. Eu creio que isso seria um objeto de estudo interessante.

Quando você citou o texto de Epicuro, que dizia que nunca é muito cedo ou tarde demais para ocupar-se de si,[2] *eu pensei naquilo que Lacan fala quando comenta o "herói moderno",*[3] *para quem sempre é muito cedo ou tarde demais. O que você pensa a respeito disso? Em certo sentido, a gente deve sempre falar das coisas que ocorrem no momento que, para nós, é oportuno, como se nelas houvesse algo de intempestivo.*

---

2 Epicuro, "Carta a Meneceu", in *Cartas e Máximas principais: "Como um deus entre os homens"*, op. cit., p. 85. Ver "A cultura de si", supra, p. 97, nota 32.

3 A pergunta é referência a uma passagem do livro VI do *Seminário* de Lacan sobre *Hamlet*, a partir do qual foi publicado um longo extrato nos Estados Unidos, intitulado "Desire and Interpretation of Desire in *Hamlet*". *Yale French Studies*, n. 55–56, pp. 11–52. Ver J. Lacan, *O seminário, livro 6*: O desejo e sua interpretação, trad. Claudia Berliner. Rio de Janeiro: Zahar, 2016, p. 341.

Esse problema de ser ou não ser "na hora certa", como você deve saber, era um dos principais problemas da ética grega – a noção de *kairós*.[4] O *kairós* é o momento oportuno. Nos primeiros textos gregos, identifica-se que o problema da ética era o problema de saber escolher o momento oportuno para fazer alguma coisa. Por que essa noção de *kairós* tinha tanta importância na ética grega? Não estou em condições de lhes oferecer uma resposta muito clara, darei apenas um exemplo. Na ética da vida sexual, o problema não era de modo algum saber qual gênero de coisas se podia fazer com seu parceiro sexual; não se encontra nada na literatura grega sobre essa espécie de ato, os tipos de conduta sexual que se poderia adotar com seu parceiro. Esse não era o problema. E, como você deve saber, o problema também não era o parceiro sexual. Mas os gregos tinham uma grande quantidade de regras muito estritas a propósito da conduta sexual, regras que não concerniam nem ao parceiro sexual nem ao tipo de conduta, mas a questões como o *kairós*, o momento oportuno. Por exemplo, em Plutarco, encontra-se uma discussão, páginas e páginas a respeito disso, sobre a questão de saber qual é o melhor momento do dia para fazer amor: antes do jantar, após o jantar, de dia, à noite, no fim da noite, no início da noite etc.[5] Isso é apenas um exemplo. Eu acredito que, de maneira geral, o problema dos gregos, como vocês sabem, era como administrar o que depende da necessidade e o que depende da fortuna, o que é *anánke* ou o que é *týche*. E, relativamente à *anánke* e à *týche*, como vocês sabem, os gregos tinham uma atitude bastante fatalista. Em todo caso, o problema da ética, o problema do comportamento ou da conduta, o problema da política, do mesmo modo, definitivamente não era como mudar o que quer que seja a *anánke* ou a *týche*, mas como administrar as coisas tal como elas

4 Sobre a importância, para os gregos, da identificação do momento oportuno (*kairós*) e o papel dessa noção no interior da ética antiga e, mais especificamente, da arte de fazer uso dos prazeres, ver UP, pp. 68–70 [pp. 69–71] e SS, pp. 154–55 [pp. 162–64]. Na aula do dia 10 de março de 1982, de seu curso, no Collège de France, A Hermenêutica do Sujeito, Foucault destaca a relevância dessa noção na prática da *parresía*. Ver HS, pp. 367–68, 371–72 [pp. 344–45, 347–49].

5 Plutarco, *Propos de table* [sécs. I–II d. C.], livro III, questão VI, "Sur le moment que convient à l'amour", in *Œuvres morales*, t. IX-2, trad. fr. F. Fuhrmann. Paris: Les Belles Lettres, 2003, pp. 129–35.

são, aproveitando o momento oportuno, quando se pode fazer algo. O *kairós* era o jogo, o elemento graças ao qual a liberdade humana podia administrar ou arranjar-se com a *anánke*, com a necessidade do mundo. É por essa razão, creio eu, que o *kairós*, o problema do momento oportuno, é um dos problemas centrais da ética grega.

É assim com os gregos. Agora Lacan. Acredito que essa seja uma boa questão, porque o problema da psicanálise é saber como administrar a necessidade do desejo, e eu creio que Lacan... Devo dizer também – perdão, volto aos gregos – que, para a medicina grega, como vocês sabem, o problema não era mudar algo na natureza do *páthos*, da doença, era escolher, durante o desenvolvimento da crise, o momento oportuno para agir e, portanto, seja aceitar o fim, o desfecho da doença, seja socorrer o paciente.[6] Esse era também um dos momentos [que o médico devia administrar]. E eu creio que, em Lacan, encontra-se alguma coisa parecida. No processo do desejo, esse é o papel do psicanalista – não muito distante do papel do médico grego –, escolher o momento oportuno, o *kairós*. Eu tentei minimamente indicar algumas similitudes, mas não teria nada de muito específico a dizer sobre o problema do momento oportuno em Lacan; de qualquer modo, isso está lá, porque a psicanálise é muito mais uma técnica ética do que [uma ciência].[7]

Haveria um quadro institucional capaz de permitir o desenvolvimento de si?

Vocês devem se lembrar muito bem que, em momento algum, eu disse que o indivíduo tinha que desenvolver a si mesmo. Eu tentei lhes mostrar como o si se constitui. As relações consigo se constituem através de diversas práticas, diversas técnicas etc., que são características da ética. O que é a ética? É o modo como os sujeitos se constituem a si mesmos enquanto sujeitos morais em suas

---

6 Sobre a noção de "crise" no pensamento e nas práticas médicas da Antiguidade, ver PP, pp. 242–45 [pp. 314–19].

7 Ver "Interview met Michel Foucault" [1984], entrevista com J. F. e J. de Wit, in DE II, n. 349, p. 1484 ["Entrevista de Michel Foucault", p. 248]: "A psicanálise não é, pois, uma ciência antes de tudo, é uma técnica de trabalho de si sobre si fundada sobre a confissão".

atividades, ações etc.[8] O problema não é, então, desenvolver o si, mas definir qual tipo de relação consigo é capaz de constituir o sujeito enquanto sujeito ético. Não se trata de um desenvolvimento de si, e sim do problema da constituição de si.

Você se interessa, então, apenas pela ética e deixa de lado as instituições?

Não, essas práticas de si estão ligadas a certas instituições. Na cultura grega ou greco-romana não havia, aparentemente, instituições em sentido estrito responsáveis por se ocupar dessa prática de si. Mas, na realidade, seria perfeitamente possível encontrar, por exemplo, em um lugar como a escola de Epicteto, uma verdadeira instituição, por ele definida como *iatreîon* – um consultório médico.[9] Não era de modo algum uma escola onde as pessoas podiam aprender o silogismo, ou a literatura, ou a gramática etc. Elas precisavam aprender a ter certa relação com elas mesmas; as pessoas eram ensinadas a constituir esse tipo de relação. Era, portanto, uma instituição dedicada à formação, ao estabelecimento dessa relação. E eu creio que a institucionalização da cultura de si assumiu uma dimensão consideravelmente coercitiva no cristianismo, por exemplo, através de práticas como a confissão, a penitência etc., e nas sociedades modernas também, através de dispositivos como o sistema escolar, o sistema pedagógico, as instituições educativas etc. Sabe-se muito bem que o sistema penal corresponde, de certa maneira, ao mesmo objetivo. Um de seus aspectos é, naturalmente, constituir certo tipo de si, porque, através do sistema penal, o criminoso deve reconhecer a si mesmo enquanto criminoso.

---

8 Sobre essa definição de "ética", ver "À propos de la généalogie de l'éthique", op. cit., p. 1437 ["Sobre a genealogia da ética", p. 224]; UP, pp. 35–37, 275 [pp. 36–37, 307–08]. Sobre a ética como "relação consigo", ver também "À propos de la généalogie de l'éthique", op. cit, p. 1440 ["Sobre a genealogia da ética", pp. 226–27].

9 Epicteto, *Entretiens*, op. cit., III, 23, 30, p. 92. Ver "A cultura de si", supra, p. 101, nota 39. Ver HS, pp. 96, 320 [pp. 90–9, 299]; "L'herméneutique du sujet", op. cit., p. 1176 ["A hermenêutica do sujeito", p. 182]; SS, p. 71 [pp. 71–72].

Eu fico me perguntando o que é que as instituições modernas têm a ganhar preocupando-se com o si e com as técnicas de desenvolvimento de si.

Não é questão de desenvolvimento. Você não tem que desenvolver a si mesmo, tem que constituir a si mesmo enquanto sujeito ético. Não se trata de desenvolvimento, o si não é uma realidade dada de início e que deve se desenvolver conforme certo esquema ou modelo. O si não é uma realidade psicológica, ou melhor, ele se torna uma realidade psicológica, ou ao menos uma matriz de experiência por meio de certas formas histórico-culturais.[10]

Você disse que, ao contrário dos modernos, para os antigos, o problema não era a descoberta de si, mas a maestria de si. Mas, quando os estoicos buscavam se desfazer das ilusões e das paixões, que eles equiparavam ao erro, em que sentido essa abordagem se distinguia de uma descoberta de si? Poderia retornar a essa diferença?

Você tem toda razão. O que eu disse a respeito dessa diferença foi um pouco holístico. Existia, de fato, para os estoicos, o problema de como se desfazer das ilusões que se podia ter a respeito de si mesmo. Mas, quando se olha para os textos estoicos que tratam desse problema, logo se percebe que, quando procuram demonstrar o que realmente é esse si mesmo, o critério é: o que, no mundo ou à minha volta, depende ou não depende de mim? O que depende de mim é o domínio onde posso exercer minha soberania, o eu [*moi*]. E o que não depende de mim, e que não posso mudar, não é, portanto, o eu [*moi*], e é disso que preciso me desembaraçar ou, pelo menos, tornar-me completamente indiferente. Você diz haver aqui uma tentativa, um trabalho de descoberta de si no discurso estoico, mas essa descoberta não passa de uma repartição entre o que depende de mim e o que

10 Ver OHS, p. 90. Em uma entrevista realizada no fim de 1981, Foucault afirma que "a arte de viver implica matar a psicologia, criar consigo mesmo e com os outros individualidades, seres, relações, qualidades inominadas". Ver "Conversation avec Werner Schroeter" [1982], entrevista com G. Courant e W. Schroeter, in DE II, n. 308, p. 1075 ["Conversa com Werner Schroeter", p. 107].

não depende de mim; e o problema é definir exatamente o domínio da minha soberania.[11] Eu creio que, com o cristianismo, vê-se aparecer algo completamente diferente quando, para o cristão, o problema passa a ser: quais são as ilusões que eu tenho sobre mim mesmo, que me impedem de saber exatamente o que se passa em mim? Quando sinto um desejo, e não sou capaz de identificar esse desejo enquanto tal, sou vítima, portanto, de uma ilusão. E eu lhes darei um exemplo muito simples que se pode encontrar em Cassiano. Ele trata, vejam bem, das regras que se aplicavam à vida dos monges do Oriente. Para dar um exemplo sobre esse tipo de regras, Cassiano cita o caso de um jovem monge dotado de uma grande santidade, ou pelo menos ansioso para alcançar a santidade. Este queria jejuar, e queria jejuar mais e durante mais tempo do que os outros monges. Era, aparentemente, um excelente propósito, e ele acreditava sinceramente que se tratava de uma boa iniciativa e de um bom desejo. Porém seu diretor de consciência lhe mostrou que, na verdade, se queria jejuar mais tempo do que os outros, não era para alcançar mais rápido a santidade, mas porque queria receber elogios dos outros. Não era um sinal de santidade, mas o movimento de um desejo impuro; e não era um estímulo que vinha de Deus, mas de Satã.[12] Como é possível haver uma ilusão tal qual um estímulo proveniente de Satã que toma a aparência, a forma de algo que vem de Deus, deve-se, portanto, interpretar as próprias ideias, as próprias representações, os

11 Ver, por exemplo, Epicteto, *Entretiens*, op. cit., III, 3, 14–19, p. 18, a descrição do "exercício-caminhada", a que Foucault retorna diversas vezes, ao insistir na operação da partilha, na triagem que deve ser aplicada às diferentes representações que o mundo suscita em nós, tudo isso para definir, em relação a cada uma delas, em que medida dependem ou não de nós; estabelecendo, portanto, "qual atitude ter a respeito disso". Ver HS, p. 286 [pp. 267–68]. Ver também HS, p. 231 [p. 215]; "L'herméneutique du sujet", op. cit., p. 1183 ["A hermenêutica do sujeito", pp. 189–90]; "Les techniques de soi", op. cit., pp. 1621–22 ["As técnicas de si", p. 285]; "Debate no Departamento de Língua Francesa", infra, pp. 159–60, trecho parcialmente reproduzido em "On the Genealogy of Ethics", op. cit., p. 1220, e em "À propos de la généalogie de l'éthique", op. cit., p. 1447 ["Sobre a genealogia da ética", p. 234].

12 Trata-se do abade João de Lico, de quem Cassiano fala na primeira de suas *Conférences*. Ver Cassiano, *Conférences* [sécs. IV-V d. C.], I, 21, trad. fr. E. Pichery. Paris: Éditions du Cerf, 2008, pp. 141–43. Sobre essa anedota, ver GV, pp. 286, 289, 296 [pp. 264, 267–268, 273–274].

próprios desejos etc., e isso é a obrigação nova da hermenêutica de si.[13] Eu creio que essa hermenêutica de si é algo bem diferente do problema que consistia em saber o que depende de nós e o que não depende de nós.[14]

Poderia nos explicar o que o você entende por "si" [soi]*?*

O si não é outra coisa senão as relações consigo. O si é uma relação. O si não é uma realidade, não é algo estruturado, ou algo dado de antemão. É uma relação consigo.[15] Penso ser impossível dar ao si uma outra definição que não seja *essa* relação ou esse conjunto de relações.

O que você entende por "cultura" de si? É cultura no sentido de alguma coisa que é cultivada ou num sentido mais amplo?

A primeira questão refere-se ao si, e a segunda diz respeito à cultura! A segunda resposta é, creio eu, um pouco mais fácil e um pouco mais extensa do que a primeira. Quando utilizei a palavra "cultura", eu quis mostrar, eu tentei mostrar, primeiramente, que a cultura de si significa a formação de certas relações consigo e que, no caso da cultura greco-romana, ela assume a forma da maestria, da soberania; é uma noção. Segundo ponto, é um conjunto de técnicas. O si constrói essas relações e, para construir essas relações consigo, deve-se praticar exercícios, tais como meditar, escrever, ler livros, [...] etc. etc. Em terceiro

---

13 Ver OHS, pp. 81, 83–84, nota a.

14 Em conversa com Hubert Dreyfus e Paul Rabinow, em Berkeley, abril de 1983, Foucault explica assim: "É um fato, acredito eu, que essa ideia de se iludir sobre si não se encontra na Antiguidade pagã. É possível ser ignorante sobre si, o que, de fato, é um tema socrático bem antigo. E como Charles Taylor deixou bem claro [...] o problema estoico é "quem sou eu?"; a resposta, no entanto, deve ser encontrada na distinção entre o que depende de mim e o que não depende de mim. Penso que essa ignorância acerca do que depende ou não de mim é bem diferente da ilusão que posso ter de mim mesmo, que posso ter quando não sou capaz de saber ou de identificar se o desejo que sinto, se a ideia que tenho vem de meu espírito, ou vem de Deus, ou vem de um demônio. Há uma mudança aí, uma mudança bem importante". Ver *Discussion with Michel Foucault*, op. cit., D 250(5), p. 15.

15 Ver OHS, p. 131; "Foucault", op. cit., p. 1452 ["Foucault", p. 236].

lugar, essa cultura e essas técnicas de relação consigo envolvem, ou produzem, ou provocam uma experiência concreta de si mesmo. Se se compara, por exemplo, as cartas escritas por Cícero no fim da República Romana com aquelas escritas, [um século] mais tarde, por Sêneca e, é claro, com as cartas escritas por Marco Aurélio e Frontão, percebe-se que a perspectiva é muito diferente. O jeito como as pessoas falavam de si mesmas, aquilo que nelas era alvo de interesse, o que nelas era pertinente na sua experiência de si, era completamente diferente. Esse é o terceiro ponto. Em quarto lugar, essas relações consigo não são algo simplesmente pessoal e individual. Eu disse que existiam escolas para isso, que havia tratados sobre isso, que as pessoas escreviam, que existia entre as pessoas relações a respeito delas mesmas. Por exemplo, Sêneca e Lucílio trocaram cartas, durante anos, sobre si mesmos. Assim, é uma atividade social. Esses quatro aspectos – uma noção, uma prática, um tipo de experiência e uma atividade social, e ainda todos os livros, a literatura, a filosofia etc., que lhes são consagradas –, tudo isso constitui a cultura de si. Creio que não seja exagero[16] empregar a palavra "cultura".

Você poderia precisar com clareza a importância da escrita para a cultura de si em uma sociedade tão amplamente iletrada?

Primeiro ponto, o que eu disse a respeito da cultura de si, sem dúvida, só é pertinente para as classes sociais que eram portadoras da cultura. Não falo dos escravos, porque, na sociedade greco-romana, embora uma parte deles pertencesse à sociedade culta, quantitativamente, a maioria das pessoas que viviam no mundo greco-romano não tinham nada a ver com essa cultura de si. No entanto, nas classes sociais privilegiadas, não se pode dizer que havia iletrados [...]. Por exemplo, entre os cidadãos atenienses do século IV [a. C.], todo mundo sabia ler e escrever. Evidentemente que os cidadãos formavam apenas uma parte dos habitantes de Atenas, mas eles eram relativamente numerosos, e cada um deles sabia ler e escrever. Sob esse ponto de vista, eram

16 Foucault fala em francês aqui: *exagéré*.

muito mais cultos, por exemplo, que a nossa sociedade do século XVII na Europa. E aqui está um segundo ponto.

Você me perguntava sobre a importância da escrita. Pois bem, eu acredito que se pode dizer o seguinte. No século IV a. C., a principal forma da cultura de si era a memória. A memória, isso quer dizer que as pessoas deviam aprender de cor certo número de preceitos, versos, aforismos, o que se chamava de *gnômai*,[17] que era, de uma só vez, verdades e regras, regras de conduta que assumiam a forma de verdades concisas, de verdades eternas, enunciadas por poetas, filósofos ou sábios. Eu acredito que a maior parte das lições socráticas e, naturalmente, da filosofia de Platão, girou em torno da importância da memória como a principal forma através da qual se pode ter uma relação consigo.[18] E alcançava-se essa relação consigo mesmo através de preceitos assimilados de cor, que se podia concentrar na memória e ir buscar...

Era possível constituir-se a si mesmo recorrendo a meios não literários, como imagens codificadas ou condutas exemplares?

Sim, com certeza. Na sociedade greco-romana, o papel dos exemplos era importante. Mas por qual meio esses exemplos eram conhecidos? Textos, narrativas, livros. Não creio, portanto, que se possa fazer dos exemplos uma alternativa à cultura literária.

Mas não existiam outros meios não literários de constituir-se a si mesmo, por exemplo, o culto aos santos?

Sim, certamente, eu não estou negando isso, mas eu creio que você apresentava como uma alternativa, na cultura grega, a literatura e os exemplos. No caso da cultura grega dominante, o exemplo é um dos principais temas, ele não é [uma alternativa à literatura].

---

17 Sobre a noção de *gnóme*, simultaneamente um conhecimento e um preceito, uma verdade e uma regra, ver OHS, pp. 50–52, nota a, assim como MFDV, p. 130. Ver também L. Cremonesi, A. I. Davidson, O. Irrera, D. Lorenzini e M. Tazzioli, em OHS, pp. 62–63, nota 35.

18 Sobre o papel da memória no mundo antigo e, em particular, na filosofia platônica, ver HS, pp. 169–70, 311–12, 437, 441–42 [pp. 158–59, 290–91, 409, 413–14].

E, sem dúvida, no caso do si e da cultura de si, encontramos esse gênero como um meio não literário de se constituir a si mesmo.

Alguns movimentos que surgiram nas últimas décadas, por exemplo, o movimento punk, foram considerados, por pessoas como Christopher Lasch,[19] uma tentativa de fuga da história e de suas consequências. Você acha que essa seja uma característica desses movimentos? Essa investigação sobre si implica que se tente escapar do mundo que nos cerca?

[Primeiro ponto,] como vocês sabem, como vocês devem ter notado, em nenhum momento utilizei a palavra "narcisismo". Eu não acho que as relações consigo tenham alguma coisa a ver com narcisismo. Segundo ponto, sobre esses movimentos, que são muito espetaculares nos Estados Unidos, mas que também existem em outras sociedades [...], eu vejo com certa dificuldade como alguém pode considerá-los uma tentativa de escapar da história. São uma parte da história, uma parte da sua história. E eu acredito que são característicos deste esforço, que vem aparecendo atualmente sob diferentes formas, de constituir novas relações consigo, porque o que o sistema educacional, o sistema político, todas essas instituições nos propõem não é suficiente quando se trata de organizar, de construir, de definir uma relação consigo. Assim, nós estamos em busca de algo diferente. Essa inadequação entre o tipo de relação consigo proposta pelos partidos políticos ou pelos sistemas de educação e [as relações que, por sua vez, as pessoas querem ter consigo mesmas], eu creio que isso faz parte da nossa história. E não se escapa da história quando se faz isso, faz-se sua história. Escapa-se, procura-se escapar de certo modelo de relação consigo que é apresentado como o melhor modelo possível.

Você falou das relações eróticas entre o mestre e o discípulo na cultura grega. Poderia nos dizer qual foi o papel do erotismo na cultura de si?

19 Christopher Lasch, *A cultura do narcisismo: A vida americana em uma era de expectativas decrescentes* [1979], trad. Bruno Cobalchini Mattos. São Paulo: Fósforo Editora, 2023.

Vejam bem, o que eu dizia anteriormente é que, quando comecei a estudar, ou pretendi estudar, a história da sexualidade, eu não sabia ou não estava consciente de que, na realidade, o principal problema da história da sexualidade não é o problema do desejo, da repressão do desejo etc.; [mas] descobri que, pelo menos na nossa sociedade, e talvez também em outras sociedades [...], a constituição de si foi, em grande parte, determinada pelo jeito como as pessoas se relacionam com sua própria sexualidade. O domínio em que se constitui a relação consigo é, em grande medida, a experiência sexual. Isso não é uma resposta, mas eu creio ser quase impossível dissociar o problema da constituição de si do problema da história da sexualidade.[20] Nós somos seres sexuais, e o nosso si constitui-se através de nossa experiência com a sexualidade, o que talvez pareça algo próximo do que a psicanálise diria [...]. Mas o que eu quero dizer é que, se a psicanálise pode definir o si através da sexualidade, é porque, em nossa sociedade, é através dessa experiência da sexualidade que a relação consigo é constituída ou vai constituir-se.

Em quais pontos, em nossa sociedade, a relação entre mestre e discípulo mudou em comparação à sociedade grega?

---

20 Ver "Sexualité et pouvoir" [1978], in DE II, n. 233, p. 570 ["Sexualidade e poder", p. 76]; "Préface à l'Histoire de la sexualité", op. cit., pp. 1402–03 ["Prefácio à *História da sexualidade*", pp. 207–08]. No primeiro volume de *História da sexualidade*, Foucault descreve dois processos correlatos que se desenvolvem, no Ocidente, em torno da "questão" do sexo: "nós lhe pedimos para dizer a verdade" e "pedimos para nos dizer a nossa verdade, ou melhor, para dizer a verdade, profundamente oculta, desta verdade de nós mesmos que acreditamos possua em imediata consciência". É assim que "se constituiu", ao seu ver, "desde há vários séculos, um saber do sujeito". Ver VS, p. 93 [p. 79]. Voltando no tempo, porém, Foucault descobre duas formas de constituição, por meio da experiência sexual, da relação consigo, formas bem diferentes da moderna, que ele vai explorar especialmente no seu curso, no Collège de France, Subjetividade e Verdade, assim como nos dois últimos volumes de *História da sexualidade*. Além disso, como ele explica nas conferências de 1980 sobre *L'origine de l'herméneutique de soi* [A origem da hermenêutica de si], foi precisamente no estudo da experiência da sexualidade que ele notou a existência, em toda e qualquer sociedade, das "técnicas de si". Ver OHS, p. 38.

Eu não diria que a relação entre um mestre, ou um professor, e um discípulo tinha, na sociedade grega, um caráter sexual. De fato, como se sabe, a primeira definição filosófica e ética favorável à completa abstinência sexual, encontra-se, na cultura grega, numa alusão aos rapazes, ao amor dos rapazes, ao amor dos professores pelos rapazes.[21] O ascetismo dito cristão, a renúncia à carne, ao corpo, ao sexo, ao prazer sexual etc., dito cristão, já era um tema dos gregos, mas não se dirigia às mulheres, ao sexo em geral, e sim aos rapazes. Trata-se do paradoxo, que a maioria dos historiadores se recusa a ver, da famosa homossexualidade grega: o fato é que é *nessa* sociedade, em que as relações entre homens, ou ao menos entre rapazes e homens, eram livres, que se pode encontrar a primeira formulação, no Ocidente, de uma total renúncia sexual.

Você falou sobre as normas em Vigiar e punir *e disse que o que caracteriza as normas, na nossa sociedade, é que elas estão ligadas à racionalidade, ou seja, se nós fazemos algo, é porque sabemos que é bom para nós. As normas estão ligadas a essa forma de poder que é o biopoder? Que relação elas possuem com a racionalidade?*

Eu acho que é uma questão sobre a *Aufklärung*, certo? Devo dizer que as normas existem em cada sociedade. Não há sociedade na qual não se encontram leis, [existem o sistema jurídico] e as normas. Mas creio – e isso estava destacado no livro que você mencionou – que dentro do que era tradicionalmente nosso sistema jurídico e do que ele ainda é hoje em dia, é possível enxergar a intervenção de um sistema normativo. Nosso sistema jurídico, pelo menos o sistema penal e o sistema civil, não pode funcionar, em nossa sociedade, sem uma referência explícita e permanente às normas. Vou tomar um exemplo muito simples, não se conseguiria fazer funcionar o sistema penal[22] sem uma referência à loucura, a um

21 Sobre a problematização grega da relação sexual com rapazes, e sobre a "dessexualização" da erótica pedagógica, ver SV, pp. 93–97 [pp. 83–87]. Ver também "Le souci de la vérité", op. cit., p. 1490 ["O cuidado com a verdade", p. 243] e UP, p. 27 [pp. 25–26].

22 Foucault se expressa em francês: *système penal.*

comportamento normal, à doença mental etc. etc.[23] Essa intervenção ou interferência entre sistema jurídico e sistema normativo é algo que somos incapazes, hoje em dia, de reorganizar na forma de um sistema não contraditório ou homogêneo. Essa heterogeneidade do sistema normativo e do sistema legal é, creio eu, a origem de muitas dificuldades enfrentadas por algumas de nossas práticas.

Você diria que essas normas ligadas ao sistema jurídico deveriam ser objeto de uma teoria explícita baseada naquilo que seria bom para nós?

Não, eu creio que as normas são outra coisa. Normas não são regras com as quais devemos analisar o comportamento.

23 Sobre esse tema, ver, entre outros, SP, pp. 180–96, 303–15 [pp. 148–61, 245–53]; "L'évolution de la notion d''individu dangereux' dans la psychiatrie légale du XIXe siècle" [1978], in DE II, n. 220, pp. 443–64 ["A evolução da noção de 'indivíduo perigoso' na psiquiatria legal do século XIX", pp. 1–25]; MFDV, pp. 211–28.

DEBATE NO DEPARTAMENTO DE HISTÓRIA

Minha pergunta se refere à mudança do eixo metodológico do seu trabalho, que parte inicialmente de um enfoque arqueológico e vai em direção ao que você caracteriza, em seu texto sobre Nietzsche,[1] *como um método genealógico. Trata-se de uma ruptura radical ou a genealogia difere da arqueologia apenas no sentido de que a primeira se interessa pelo poder e pelos dispositivos que são exteriores ao discurso? Como você descreveria a diferença entre a arqueologia e a genealogia do ponto de vista do método historiográfico?*

É uma boa pergunta, e uma pergunta difícil. Eu acho que utilizei essas duas palavras em sentidos muito diferentes e para designar duas séries diferentes de problemas. Eu diria que, quando eu utilizava a expressão "pesquisa arqueológica", eu queria diferenciar aquilo que eu faço da história social, porque não quero analisar a sociedade, mas atos discursivos e discursos; e queria igualmente distinguir essa análise de discursos do que seria uma hermenêutica filosófica, ou seja, do que seria como as interpretações do que foi dito através da decifração do que não teria sido dito. E, quando eu utilizava a expressão "pesquisa arqueológica", queria dizer que isso com o que eu me ocupo é uma série de discursos que devem ser analisados como acontecimento ou uma série de acontecimentos. Algo foi dito, tais e tais coisas foram ditas, e, de certa maneira, os acontecimentos discursivos desse gênero são acontecimentos como qualquer outro, mas eles possuem um status particular, efeitos particulares, o que faz com que não sejam similares a um acontecimento econômico, por exemplo, ou a uma batalha militar, ou a qualquer coisa como essa, uma

1 "Nietzsche, la généalogie, l'histoire" [1971], in DE I, n. 84 ["Nietzsche, a genealogia e a história"].

mudança demográfica... Aí está o que eu entendo por arqueologia: é o quadro metodológico da minha análise.

O que eu entendo por genealogia é, de uma só vez, a razão e o objetivo da análise desses discursos enquanto acontecimentos; e o que eu tentava mostrar é como esses acontecimentos discursivos determinaram, de certa forma, o que constitui o nosso presente, o que nos constitui enquanto tal, o nosso conhecimento, as nossas práticas, o nosso tipo de racionalidade, as nossas relações com nós mesmos e com os outros. Eis o que é a genealogia. Eu diria, portanto, que a genealogia é a finalidade da minha análise e que a arqueologia é o quadro material e metodológico dela.[2]

Seria correto dizer que, enquanto a arqueologia coloca o acento na descontinuidade dos discursos e epistemes, a genealogia se interessa sobretudo pela continuidade e pela maneira como o presente pode, de certa forma, ser antecipado no passado?

Veja, isso não é exatamente o que eu disse. O tema geral da minha pesquisa é a história do pensamento.[3] Como podemos fazer uma história do pensamento? Eu creio que o pensamento não pode, evidentemente, ser dissociado dos discursos; e, em todo caso, não podemos acessar o pensamento, seja o nosso pensamento presente, nosso próprio pensamento, o pensamento dos nossos contemporâneos, seja, evidentemente, o pensamento de pessoas dos períodos precedentes – nós não podemos ter acesso a ele senão através dos discursos. É o que torna necessário o estudo genealógico. E isso não tem nada a ver com continuidade ou descontinuidade; você pode encontrar tanto a continuidade quanto

---

2 Ver supra, pp. 59–60 e 63, notas 32 e 34. Além do artigo de 1894 sobre Kant e a *Aufklärung* publicado nos Estados Unidos, em que ele afirma que a crítica é "genealógica em sua finalidade e arqueológica em seu método" (ver "What is Enlightenment?", op. cit., p. 1393 ["O que são as Luzes?", p. 248]), Foucault propôs essa esquematização – arqueologia-método / genealogia-finalidade – já em 1980, nas "Conferências Howison" em Berkeley, em que explica que "o objetivo do [seu] projeto é construir uma genealogia do sujeito" e que "o método é uma arqueologia do saber". Ver OHS, p. 36, nota b. Ver igualmente "Debate no Departamento de História", infra, p. 127.

3 Ver supra, pp. 88–89, nota 11.

a descontinuidade nesses discursos. Por exemplo, atualmente, ao considerar a história da ética sexual, sou obrigado a constatar que encontramos exatamente as mesmas formulações a respeito desse tema desde o século IV a.C. até hoje. A teoria do casamento, da fidelidade etc. é a mesma pelo menos do primeiro século da nossa era até os nossos dias.[4] Trata-se, portanto, de uma continuidade. Mas, em outros sistemas de discurso, por exemplo nos discursos científicos, encontram-se descontinuidades. E é realmente impressionante, na nossa cultura e nessa pesquisa arqueológica, ver que, em certos domínios como a ética, identifica-se tamanha continuidade durante séculos e milênios e, nas ciências, acontecem mudanças tão rápidas, mudanças tão radicais que, por exemplo, quando se lê um livro de medicina do início do século XVIII, pode não ser possível identificar nem sequer do que se trata, de qual doença se está falando; é muito difícil, e são necessárias todas as traduções para compreender do que se está falando, de que tipo de doença etc. etc. Mas, ao se ler um livro escrito no início do século XIX, após Bichat, Laennec etc., mesmo que se constate ser tudo falso, é possível identificar facilmente do que se está falando ou se aquilo é verdadeiro ou falso; ao passo que, para a maioria dos livros escritos até meados do século XVIII, não se pode dizer o que é verdadeiro ou falso, porque eles sequer fazem sentido para nós do ponto de vista médico.[5] E, assim, nesse caso, encontra-se uma mudança completamente radical e uma real descontinuidade. Mas isso não é de forma alguma um princípio, um princípio universal.

Você é muitas vezes criticado nos Estados Unidos pela ausência de uma explicação sobre a mudança no método arqueológico. O método genealógico, que você utiliza atualmente, seria mais atento

4 Sobre a continuidade do "arcabouço codificador", do fim da época do Império até os nossos dias, passando pelo cristianismo, ver SV, pp. 203–07, 228–30 [pp. 203–07, 228–30].

5 Ver OD, pp. 35–36 [pp. 31–32]: "No interior de seus limites, cada disciplina reconhece proposições verdadeiras e falsas; mas ela repele, para fora de suas margens, toda uma teratologia do saber [...] Em resumo, uma proposição deve preencher exigências complexas e pesadas para poder pertencer ao conjunto de uma disciplina; antes de poder ser declarada verdadeira ou falsa, deve encontrar-se, como diria M. Canguilhem, 'no verdadeiro'".

às razões da mudança ou se trata de um problema que fica entre parênteses e não está no centro das suas preocupações?

Estou consciente de que não fui suficientemente claro a respeito do problema da descontinuidade, que, para mim, não é algo de grande importância. E eu me lembro de ter lido uma vez uma pequena notícia, uma linha a meu respeito, que dizia: meu nome, filósofo da descontinuidade. Eu fiquei chocado, e, sendo bem sincero, ninguém até hoje me convenceu de que eu estava errado sobre isto: quando se observa a história de ao menos algumas das ciências, do fim do século XVI ao início do XIX, notam-se essas mudanças muito importantes, seja na medicina, seja na história natural, na economia etc.; e eu deixo de lado o problema da física, por exemplo, ou da química, onde se poderia encontrar mudanças muito expressivas. Esses são os fatos. Esses fatos, você poderia muito bem tentar reduzi-los às mudanças da sociedade etc. ou explicá-los nesses termos. Mas eu não acredito nisso e nunca li em nenhum lugar explicações pertinentes sobre essas mudanças científicas expressivas por meio de mudanças correlatas, paralelas e similares na sociedade. E ninguém jamais me convenceu de que essas mudanças da sociedade capitalista, entre o século XVI e o início do XIX, explicam de forma satisfatória a mudança que conduz da história natural do século XVI à biologia do século XIX. Porque penso que o pensamento científico tem um tipo de historicidade – ignoro se essa palavra faz algum sentido em inglês –, um tipo de mudança, uma maneira de mudar, que é bastante específica e que envolve, de alguma maneira, esta possibilidade de mudar praticamente tudo ao mesmo tempo; não apenas a possibilidade, mas, eu devo dizer, a necessidade. Isso tem a ver com certas características essenciais do pensamento científico, com o fato de ele ser um pensamento coerente, de modo que, se alguma coisa muda até um certo ponto, você é obrigado a mudar todo o resto. E existem, é claro, variados níveis de mudança. Às vezes pode-se mudar apenas um conceito, às vezes uma teoria, às vezes um modelo no sentido de Kuhn,[6] ou às vezes se deve

---

6 Ver T. Kuhn, *A estrutura das revoluções científicas* [1962], trad. Beatriz Vianna Boeira e Nelson Boeira. São Paulo: Perspectiva, 2013.

mudar mais do que um modelo, deve-se mudar quase tudo: os objetos, o domínio, o tipo de racionalidade, o modelo, a teoria, os conceitos. E essas mudanças expressivas, em que quase tudo, o domínio, os objetos, o tipo de racionalidade [é modificado], é uma coisa que eventualmente se encontra na história das ciências. Veja, por exemplo, a história da genética desde a metade do século XIX; pense na genética que era ainda utilizada por Darwin, que é um dos fundadores da ciência moderna. Ainda assim, a genética que ele utilizava é completamente diferente, estranha em relação à nossa genética. Desde Mendel e De Vries até o início do século XX, há, na prática, não somente uma mudança de modelo, mas um novo domínio de investigação que apareceu; e, durante os trinta anos que separam Mendel de De Vries, vocês encontram uma mudança que é uma mudança expressiva. E não é às revoluções, ao desenvolvimento das indústrias, ao imperialismo que se pode atribuir ou creditar a ascensão da genética. Tratava-se de algo que não tinha nada a ver com esse tipo de historicidade.

Em um dos meus livros eu me ocupei desse gênero de mudança: em *As palavras e as coisas*, tentei mostrar como as ciências empíricas se desenvolveram nos séculos XVII e XVIII através de mudanças expressivas, para as quais não existe explicação externa ou pelo menos ninguém pôde me oferecer alguma. Porém eu não tenho por princípio recusar as explicações desse gênero e, por exemplo – perdoe-me ficar falando de mim, mas como você me fez a pergunta –, em meu livro sobre a loucura,[7] procurei mostrar como certa relação com a loucura, ou certa relação com os loucos, modificou-se entre o século XVI e o início do XVIII. Essas mudanças foram determinadas por processos sociais, como o desenvolvimento de uma sociedade industrial, a crise do desemprego, o problema das pessoas sem emprego no século XVII, que foram as razões pelas quais os grandes hospitais gerais foram construídos etc.; e tudo isso em um contexto social graças ao qual se consegue compreender não por que se desenvolveu tal ou qual teoria científica sobre a loucura, mas por que a loucura tornou-se um problema em determinado momento. E isso é, creio eu, uma coisa que merece destaque: há uma diferença em explicar a mudança

7 Ver HF.

de um modelo científico, de uma racionalidade científica etc., e eu não creio que a mudança em uma racionalidade científica possa ser explicada por processos sociais; mas, ao contrário, o fato de que algo se torna um problema científico e de que surge como um problema do qual a sociedade deve se ocupar, eu creio que isso pode ser explicado por processos sociais, e é isso que, no meu entender, ocorre no caso da loucura. Ou ainda, por que as doenças, as doenças físicas, tornaram-se um verdadeiro problema social no fim do século XVIII, a ponto de se ser obrigado a organizar esses grandes hospitais etc.? Evidentemente por razões sociais, econômicas, demográficas também: o desenvolvimento do urbanismo, das cidades etc., as epidemias etc. etc., tudo isso explica por que as doenças físicas se tornaram um enorme problema político e social.[8] E é possível enxergar os efeitos da escalada desse problema em obras importantes, como o livro francês sobre... – qual é mesmo o nome? *Medicina...* – ou este livro alemão, em oito volumes, sobre a política de saúde – desculpem-me, não consigo me lembrar dos nomes deles.[9] Em todo caso, esses livros são um dos importantes indícios da emergência da doença física como problema social e político para toda a sociedade. E, quando, alguns anos mais tarde, Bichat utilizou certa racionalidade para analisar certos sintomas desse gênero, esse tipo específico de racionalidade, pode-se descobri-la através da análise de processos sociais.

Você então nunca deixou de fazer a arqueologia?

---

8 Ver "La politique de la santé au XVIIIe siècle" [1976], in DE II, n. 168, pp. 13–27 ["A política da saúde no século XVIII", pp. 357–73]; "La naissance de la medicine sociale" [1977], in DE II, n. 196, pp. 207–28 ["O nascimento da medicina social", pp. 143–70]; "La politique de la santé au XVIIIe siècle" [1979], in DE II, n. 257, pp. 725–42.

9 Na segunda versão de "La politique de la santé au XVIIIe siècle" [1979], op. cit., pp. 740–42, Foucault menciona diversos livros em francês e alemão, dois quais poderiam fazer parte os dois trabalhos aos quais ele se refere aqui, em particular Johann Peter Frank, *System einer vollständigen medicinischen Polizey*. Mannheim: C. F. Schwan, 1779–90. Ver também a primeira versão de "La politique de la santé au XVIIIe siècle" [1976], op. cit., pp. 17–18 ["A política da saúde no século XVIII", pp. 361–62]; "La naissance de la medicine sociale", op. cit., p. 212 ["O nascimento da medicina social", p. 148]; "La technologie politique des individus", op. cit., pp. 1633–34 ["A tecnologia política dos indivíduos", p. 302].

Não, eu nunca deixei de fazer a arqueologia, eu nunca deixei de fazer a genealogia. A genealogia define o início e a finalidade do trabalho, a arqueologia designa o domínio com o qual eu lido para fazer a genealogia.

Por que a História, enquanto profissão, tornou-se importante na França?

Tenho uma aluna que está trabalhando esse tema. Minha hipótese é que os estudos históricos, na França, tiveram um desenvolvimento importante no fim do século XVII e início do XVIII, no contexto em que aristocracia e monarquia travaram uma luta em torno dos fundamentos dos seus direitos respectivos: seria a monarquia apenas a expressão de uma estrutura social aristocrática ou ela tem suas raízes na nação, no Terceiro Estado,[10] na burguesia etc.? Isso era um importante problema. E, entre o final do século XVII e o início do XVIII, quando a grande monarquia administrativa de Luís XIV[11] começou a declinar, assistimos a uma verdadeira explosão dessas pesquisas históricas; elas são de natureza, a uma só vez, jurídica e histórica, e o elo entre pesquisas jurídicas e históricas é muito claro.[12] Era essa, então, a minha hipótese, e eu a contei a essa aluna; mas agora ela descobriu outra coisa: todas essas raízes extremamente importantes da [pesquisa histórica] parecem ter nascido de investigações eruditas feitas por monges e beneditinos do início do século XVII. É óbvio que elas se situam no clima da Contrarreforma, e é muito interessante notar – o que não passa de um esquema, aliás, bastante simplista –, mas nós poderíamos dizer que, para a Reforma, o problema era retornar ao primeiro texto, *o* Texto, e, naturalmente, para [os reformados], as pesquisas históricas acerca desse texto eram importantes, mas era mais importante o problema da hermenêutica do que as pesquisas históricas. Como interpretar esse texto, uma vez que é *o* Texto e se deve descobrir nele um significado para o presente? É o problema da hermenêutica. O problema era muito

10 Foucault se expressa em francês aqui: *tiers état*.

11 Foucault se expressa em francês aqui: *Louis XIV*.

12 Sobre o surgimento do discurso histórico-político, ver DS, pp. 42–53 [pp. 55–71].

diferente para a Contrarreforma e para os católicos: tratava-se de descobrir e de justificar uma continuidade histórica desde os primeiros tempos do cristianismo até nossos dias, e de estabelecer o fundamento, o fundamento histórico, a justificação histórica, *dessa* continuidade. É possível perceber, assim, o esquema, e de certa forma, a cesura, entre a orientação hermenêutica, que caracteriza a Reforma, e a justificação histórica, que caracteriza o catolicismo. Essa poderia ser uma hipótese...

Você considera que seria importante ocupar-se do estudo das técnicas de escrita da história – eu penso, por exemplo, na aparição, no século XVI, da noção de "século" enquanto unidade temporal, o que modificou profundamente o jeito de escrever história – para a compreensão das transformações que o você comentou?

Sim, sem dúvida. E, claro, todo o problema, por exemplo, de coleta das fontes, que teve uma grande importância e está diretamente ligado a esse problema da constituição de uma continuidade. Por exemplo, os católicos e a Contrarreforma se puseram – em razão dos conflitos da Reforma [Protestante] – a coletar toda sorte de documento que podia justificar uma continuidade; e essas grandes coleções de literatura patrística começaram no início do século XVII. Não é exatamente uma técnica de escrita, mas é uma técnica de coleta, que é algo de incrivelmente importante. Óbvio que o problema da escrita em si mesma, o problema das crônicas, o problema dos arquivos administrativos são igualmente importantes. A grande arquivística administrativa começa no século XVII. Tudo isso é incrivelmente importante. Existe isto que eu poderia chamar de técnicas temporais, que foram desenvolvidas como condições técnicas e materiais do desenvolvimento do conhecimento histórico.

Em Vigiar e punir, *você aborda a sociedade disciplinar através da lei penal e do sistema prisional, mesmo que você fale de outras coisas também, como da assistência social ou da educação. Seria correto afirmar que a lei penal e o sistema prisional exerceram um papel decisivo no desenvolvimento histórico do sistema disciplinar e continuam a exercê-lo?*

Inicialmente, o que eu quis dizer, nesse livro, sobre a prisão não era que a sociedade disciplinar começa com as prisões. Eu diria exatamente o contrário, porque o problema que me inquietou quando estudava esse tema era o seguinte: quando vocês leem os livros escritos pelos reformadores sociais do século XVIII, vocês percebem uma franca agressividade dirigida a todo o sistema de encarceramento, por uma razão muito simples: pelo menos nos sistemas francês, italiano, alemão – no sistema inglês era um pouco diferente –, a prisão não era exatamente uma punição. Ela era uma medida administrativa tomada contra os indivíduos, uma medida extralegal, extrajurídica, que vinha de fora das instituições judiciárias, apenas quando a administração, o poder monárquico, queria se livrar de alguém: largavam a pessoa na prisão. A prisão era, portanto, exatamente o contrário do que as pessoas buscavam quando se propuseram a construir ou imaginar uma nova justiça penal que fosse boa. A crítica à prisão era generalizada, na metade do século XVIII. Além do mais, sabe-se o que ocorreu, o que foi organizado e o que foi institucionalizado no fim do século XVIII, após os novos códigos penais na França, Alemanha etc., e, depois disso, encontram-se prisões por todo lado. A prisão era o principal, o mais importante meio de punição. E por que essa mudança? Esse era o meu problema, o tema do meu livro.[13] Na minha opinião, a razão era que, embora a prisão fosse o símbolo do arbítrio monárquico, apesar disso, a prisão e o encarceramento podiam ser uma forma muito boa, um instrumento muito eficaz, não só de punir, mas de reabilitar os prisioneiros, os detentos. E essa reforma, essa mudança na alma, nas atitudes, nos comportamentos etc., como se imaginava poder obtê-la? Por meio das técnicas disciplinares. E as técnicas disciplinares, onde eram encontradas? Na escola, no quartel, enfim, onde elas vinham sendo utilizadas desde meados do século XVII. Buscava-se construir as instituições penais não com o modelo da prisão antiga, mas com o modelo da escola, do quartel etc. Vocês podem, portanto, entender o sistema penal como uma expressão, como uma das últimas consequências desse sistema disciplinar

13 Ver SP, pp. 42–53 [pp. 40–51].

que foi desenvolvido em outras instituições.[14] E, como tantas vezes aconteceu, essa última utilização do sistema disciplinar é tornada, então, um modelo para um novo desenvolvimento de técnicas disciplinares em outros domínios. O panóptico de Bentham é muito interessante por isso, porque Bentham teve a ideia do panóptico para poder organizar uma boa prisão, onde as pessoas pudessem ser tratadas, formatadas, reabilitadas etc., como em uma instituição disciplinar e, então, depois de ter tido essa ideia, ele pensou que o panóptico podia ser utilizado também nas fábricas, nas escolas etc.[15] Vocês veem [portanto] esse desenvolvimento.

A prisão não é senão uma parte desse sistema disciplinar. Quando falo em sistema disciplinar, não estou querendo dizer que a sociedade foi organizada conforme esse modelo. O que chamo "sistema disciplinar" é mais um tipo de racionalidade do que propriamente uma "instituição total". E é essa a diferença em relação ao que Goffman[16] descreveu, isto é, instituições reais, com certo tipo de organização, de organização interna. O que entendo por sistema disciplinar é mais um tipo de racionalidade: como podemos governar outras pessoas, moldar outras pessoas, fazer com que elas se conduzam de certa maneira? Quais são os melhores meios, os meios mais econômicos, os meios mais eficazes para tal? Creio que seja isso a disciplina. E, passado todo esse tempo, após mais de um século de tentativas com o sistema disciplinar, descobriu-se que ele, nem de longe, era o meio mais econômico, que ele é muito oneroso e que havia meios muito mais eficazes, discretos e tácitos de moldar e dirigir comportamentos do que essas técnicas disciplinares. Para oferecer-lhes apenas um exemplo, quando vocês veem como as grandes fábricas foram organizadas, pelo menos na França, no início do século XVIII, percebem que elas tinham como modelo uma racionalidade disciplinar, com sua visão de conjunto, com regras estritas etc.; isso a tal ponto

---

14 Ver SP, pp. 137–96, 228–29, 309–10 [pp. 133–89, 218–19, 297–98]. Ver também SPC, pp. 240–44 [pp. 215–18].

15 Ver SP, pp. 201–10 [pp. 194–202]. Ver também PP, pp. 43, 75–81 [pp. 52–53, 91–99].

16 Erving Goffman [1922–82]. Sobre a noção de "instituição total", ver E. Goffman, *Asylums: Essays on the Social Situation of Mental Patients and Other Inmates*. New York: Doubleday, 1961.

que, quando as grandes minas francesas foram exploradas na segunda metade do século XVIII, o governo teve a ideia de utilizar soldados como mineiros, ou de transformar os mineiros em soldados, porque se considerava que existia uma boa organização disciplinar, que era o exército, e que a classe operária precisava se organizar como um exército para se tornar eficaz, dócil etc. Porém, em meados do século XIX, ou já em 1820, 1830, percebe-se rapidamente que esse não era necessariamente um bom meio para se obter operários dóceis, mas que um sistema envolvendo seguros e cadernetas de poupança era bem mais eficaz do que a disciplina militar. E, assim, um novo tipo de controle e de organização desenvolveu-se a partir daí, que poderíamos chamar sistema de controle securitário, [e] que é algo muito mais diferente, muito mais eficaz e muito mais aceitável que o sistema disciplinar.

Se quiséssemos estudar as técnicas disciplinares da nossa época, não seria preciso, então, começar pelo sistema prisional...

Não. Acredito que, em vez do sistema disciplinar, que é, na minha percepção, um tipo [de sistema], uma técnica, uma tecnologia muito própria de certa época, seria possível encontrar outros meios hoje ainda mais sofisticados para dispor de pessoas que se conduzam de tal ou qual forma. E o sistema disciplinar não é um meio eficaz. Vou dar um exemplo: mesmo no exército, que foi sempre o núcleo, o berço das técnicas disciplinares, isso mudou consideravelmente nos dias de hoje. Em uma das forças armadas mais eficazes do mundo, a israelense, seria possível encontrar algumas técnicas disciplinares, só que muito limitadas em comparação com o que eram ainda as técnicas disciplinares nas forças armadas durante a Primeira Guerra Mundial.

Em sua conferência, você opôs dois modelos de si: um modelo platônico, ligado ao problema da origem, à memória, a uma profundidade a ser descoberta, que anuncia a hermenêutica e o si freudiano, e um modelo estoico voltado não mais para a memória, mas para o futuro, para a morte. Este segundo modelo seria apenas a exteriorização daquilo que era interno no primeiro ou trata-se de outra coisa?

Não é uma resposta fácil. Quando eu opus o tipo de relação consigo em Platão, o tipo de relação consigo descrito nesse estranhíssimo diálogo que é o *Alcibíades*, e, por outro lado, o tipo de relação consigo estoico, a oposição não era entre interno e externo. Eu deveria dizer quase o contrário, porque, no *Alcibíades*, que não é nada representativo da filosofia de Platão – os neoplatônicos consideravam esse texto o primeiro que se devia estudar quando alguém quisesse encarar a doutrina platônica, mas é, na verdade, um texto muito estranho –, nesse texto, pelo menos quando analisa a noção de cuidado de si, [Platão] diz que Alcibíades devia cuidar de si porque ele devia governar os outros ou porque queria governá-los enquanto chefe político. Primeiro ponto. [Segundo ponto, Platão diz] que, para cuidar de si mesmo, [Alcibíades] devia saber o que ele era; e o que ele era quer dizer o que era a sua alma. E como podemos conhecer nossa alma senão contemplando-a em seu elemento essencial, em seu elemento divino? Não se trata exatamente de uma relação interna, porque, para conhecer a si mesmo, deve-se contemplar a divindade ou o elemento divino, deve-se voltar os olhos para a luz, a luz supraceleste. Deve-se, portanto, desprender-se disso que está mais próximo de si, do corpo, da vida cotidiana, das sensações etc., e deslocar-se para além do mundo, e é assim que se descobre o que se é. Portanto, vocês veem, não é uma relação interna, mesmo que a memória tenha uma grande importância; mas é uma memória que conduz em direção a algo diferente do mundo imediato.[17]

E, no caso dos estoicos, não se trata de uma relação externa. De fato, a morte é importante para os estoicos, e deve-se se apressar, durante a vida, não exatamente para morrer, mas para estar pronto para morrer; e o ideal do estoico, vocês sabem muito bem, é viver

17 É por isso que, no debate após as "Conferências Howison" em Berkeley, Foucault afirma nitidamente que "é impossível encontrar, em Platão, uma hermenêutica de si". O problema de Platão, de fato, é a "elevação da alma em direção à verdade, não a descoberta da verdade nas profundezas da alma". Ver "Débat sur 'Vérité et subjectivité'", in OHS, p. 126. Sobre esse gênero de "conhecimento ontológico de si enquanto alma" em Platão, ver também "Debate no Departamento de Língua Francesa", infra, p. 158; CV, pp. 117–18 [pp. 112–13].

cada dia da sua vida como se fosse o último.[18] Existe, em uma carta de Sêneca, um texto muito interessante em que ele diz que o dia é uma imagem reduzida do ano – a manhã é a primavera, meio-dia é o verão etc. –, o ano é uma imagem reduzida da vida – a primavera é a infância, o verão é a juventude… –, o que é uma ideia pitagórica. Em todo caso, trata-se dessas correspondências. E Sêneca diz: você deve viver cada dia como se fosse um ano, e também viver cada dia como se fosse sua própria vida. E, todas as manhãs, você deve se enxergar como uma criança, e deve saber que o anoitecer será sua velhice, e deve estar preparado para morrer ao fim do dia.[19] Não é exatamente uma antecipação da morte, não é uma atitude que consiste em voltar-se, do passado com a memória, para o futuro com a morte. É um jeito de olhar para sua vida como se ela estivesse completamente concluída. É ter sua vida diante dos olhos e percebê-la como uma lembrança. Então, eu penso que, no caso do estoicismo, a antecipação da morte é como uma interiorização, pela memória, dos acontecimentos que podem cruzar sua vida. Vejam, não se trata exatamente de uma oposição entre interno e externo. É uma mudança muito importante, mas não é exatamente essa.

Este outro modelo de si do qual você fala, a qual definição moderna do si poderíamos vinculá-lo?

O que eu tentei apresentar – mas, é claro, em uma conferência tão breve, isso é bastante difícil – era pensar como esse gênero de atenção que os estoicos queriam que as pessoas dedicassem a si mesmas, às coisas que elas faziam ou à conformidade entre aquilo que elas deviam fazer e o que realmente faziam, tudo isso foi o ponto de partida de um novo tipo de relação consigo, uma espécie de atenção permanente; porém, para os estoicos, o problema não era descobrir ou decifrar o que as pessoas realmente eram. Esse problema do que as pessoas eram não tinha tanta importância. O problema era: o que eu fiz durante o dia está ou não conforme à regra? Mas

18 Sobre a "meditação" ou o "exercício" da morte no estoicismo, ver HS, pp. 457–60 [pp. 429–32]; "L'herméneutique du sujet", op. cit., p. 1184 ["A hermenêutica do sujeito" pp. 190–91].

19 Ver Sêneca, *Cartas a Lucílio*, op. cit., carta 12, 6–9, pp. 34–36.

essa era, creio eu, uma primeira etapa em direção a um novo tipo de relação que se tornou muito importante durante o cristianismo, em que as pessoas, que se observam, que se examinam todo dia, toda noite para saber o que tinham feito, são levadas a colocar a questão: mediante as coisas que eu fiz, as ideias que tive ao longo do dia, eu posso identificar qual é a realidade de mim mesmo, os reais desejos, o verdadeiro grau de pureza da minha alma? Afinal o problema, para o cristão, é chegar a um grau de pureza tal que se consiga ser salvo. O problema [das relações] entre a pureza, a saúde e a interpretação de si, a decifração de si, é, creio eu, algo importante que vocês não encontrariam nos estoicos, porque, para os estoicos, não se trata de pureza, mas de conformidade, e não há o problema da salvação em outro mundo, mas uma questão de perfeição neste mundo. Vocês podem ver, então, na relação estoica consigo, uma preparação para o cristianismo, o que fez com que a técnica do exame de si, que era uma técnica estoica, fosse utilizada nos monastérios cristãos. Vocês encontram a descrição do exame de si, da prática noturna do exame de si, em Sêneca, no terceiro livro do *Sobre a ira*;[20] é aparentemente a mesma fórmula utilizada até hoje no cristianismo. Mas eu penso que, na verdade, as questões colocadas por Sêneca são muito diferentes. De qualquer forma, é essa técnica que vocês podem encontrar nas instituições monásticas a partir do século IV, do início do século V. Em São Bento, vocês encontram essa mesma técnica, porém com um outro objetivo; ou ainda, o objetivo é deslocado, o objetivo não é mais o mesmo: trata-se de procurar identificar, através das ações cometidas ao longo do dia, o grau de pureza da alma.

Em sua conferência, você falou em princípio da cultura de si grega e cristã. Em seguida, deu a entender que novas formas de cultura de si podem existir. Você quer dizer que essa cultura de si nunca foi

---

20 Ver id., *Sobre a ira* [séc. I d. C.], in *Sobre a ira/Sobre a tranquilidade da alma – Diálogos*, trad. José Eduardo S. Lohner. São Paulo: Companhia das Letras, 2014, p. 183. Para comentários de Foucault sobre esse texto, ver GV, pp. 235–41 [pp. 218–25]; OHS, pp. 43–45; MFDV, pp. 94–97; HS, pp. 157, 461–64 [pp. 147, 433–35]; "Les techniques de soi", op. cit., pp. 1616–18 ["As técnicas de si", pp. 279–81]; SS, pp. 77–79 [pp. 78–80]; J. Pearson (org.), *Fearless Speech*. Los Angeles: Semiotext(e), 2001, pp. 145–50.

interrompida e que nós apenas inventamos novas formas de cuidado conosco ou que perdemos essa capacidade de olharmos para nós mesmos, ou, como às vezes se diz aqui na Califórnia, que nós olhamos demais para nós mesmos?

Creio que o que é mais inquietante na cultura greco-romana é o fato de que as pessoas têm o que parece ser uma verdadeira cultura de si autônoma. Quando eu digo "autônoma", eu não quero dizer que ela não tinha uma relação social, uma relação política, uma relação cultural com outra coisa, mas que as pessoas, ao menos parte delas, que pertencem, é claro, às classes superiores, decidiam, se elas assim queriam, cuidar de si mesmas, da mesma forma como, por exemplo, certas pessoas, hoje em dia, podem decidir se cultivar, visitar exposições de pintura etc. etc. Isso não era definitivamente uma questão de obrigação fundada em uma autoridade, as pessoas não eram obrigadas a fazê-lo, porém isso lhes era proposto como uma coisa importante, que tinha um grande valor, que lhes podia dar a capacidade de conquistar uma vida melhor, uma vida mais bela, um novo tipo de existência etc. etc. Percebam, então, que era uma questão de escolha pessoal. Esse é o primeiro ponto. O segundo ponto é que essa cultura de si não estava nem um pouco ligada à religião. Quando eu digo "nem um pouco", soa esquemático demais; é claro que havia relações, o papel dos pitagóricos, do pitagorismo, é muito importante em todo esse domínio: sabe-se que o pitagorismo era às vezes uma religião, às vezes uma filosofia ou uma mistura de ambas. Mas, para alguém como Sêneca, mesmo que, quando jovem, ele tivesse tido ligações com os pitagóricos, não era por razões religiosas que agiu como agiu. Da mesma forma, Plutarco, [que] era muito religioso no sentido de ser praticante de certos rituais tradicionais, Plutarco, quando ele cuidava de si, era por razões pessoais. As técnicas de si não estavam integradas a instituições religiosas, políticas ou mesmo educacionais. É isso que quero dizer com "autônoma". Esse é o segundo ponto. Essas práticas de si eram, portanto, independentes das instituições pedagógicas, religiosas e sociais. O terceiro ponto é que essa cultura de si tinha sua própria literatura, suas próprias ideias, suas próprias técnicas, suas próprias receitas, se me permitem dizê-lo. Por exemplo, as pessoas escreviam cartas umas às outras, ofereciam-se boas receitas, boas técnicas para o cuidado de si. Elas escreviam tratados. Por exemplo, quando Plutarco escreveu o tratado *Perì euthymías* [Sobre a tranquilidade da alma], ele o enviou ao seu amigo Fundano,[21] que era um senador romano, um personagem político romano de certa importância. E Plutarco diz a Fundano: "Eu sei que este tratado é de suma importância para você neste momento, um tratado de reflexões sobre a *euthymía*" – ninguém tem ideia, ou pelo menos eu não tenho, do porquê de ele ter necessidade desses conselhos –, mas Plutarco diz: "Eu sei que você está pressionado, eu sei que existe uma urgência, e que essas reflexões sobre a *euthymía* lhe são necessárias neste momento, mas não tenho tempo de escrever um tratado especialmente para ti. Estou então te enviando minhas notas pessoas sobre a *euthymía*".[22] Ele tinha um caderno no qual transcrevia os conselhos, as reflexões, as citações, os exemplos sobre a *euthymía*, e são essas notas pessoais, o seu caderno pessoal, que supostamente foram enviados a Fundano. Trata-se, portanto, como vocês podem ver, de um pequeno mundo de técnicas, de noções, de práticas etc., e elas circulam de mão em mão; e isso é o que eu entendo por essa "existência autônoma" da cultura de si.

> ***Você empregou a palavra "tecnologia". Para muitas pessoas, a tecnologia possui efeitos positivos, mas outros dizem: "Sim, mas olha essa molecada que não sai da frente da TV, ninguém sabe mais pensar por conta própria ou escrever...".***

O que eu disse na parte final da conferência foi excessivamente sucinto. Essa autonomia, essa cultura de si autônoma, de certa

21 O tratado *Perì euthymías* é, na verdade, direcionado a um tal de Pácio. De fato, Fundano é mencionado no início do texto e aparece em outro tratado de Plutarco, *Perì aorgesías* (*De cohibenda ira*). Na aula do dia 3 de março de 1982 de seu curso, no Collège de France, A Hermenêutica do Sujeito, Foucault se refere ao *Perì euthymías* e diz, especificamente, que Plutarco está respondendo "a um de seus correspondentes chamado Pácio". Ver HS, p. 344 [p. 323].

22 Ver Plutarco, "De la tranquillité de l'âme" [sécs. I–II d. C.], 464e–f, in *Œuvres morales*, t. VII-1, trad. fr. J. Dumortier e Jean Defradas. Paris: Les Belles Lettres, 1975, p. 98.

maneira desapareceu depois do desenvolvimento do cristianismo, porque a formação do si e a maneira como as pessoas deviam cuidar de si mesmas tinham sido agora integradas às instituições religiosas, sociais e educacionais. Por exemplo, a confissão cristã[23] é, sob esse ponto de vista, muito interessante, porque, de certa maneira, confessar-se significa examinar a si mesmo, rememorar ações, rememorar pecados, dizê-los a um padre, fazer penitência; tudo isso é, evidentemente, um modo de relação consigo. Mas, como vocês sabem, primeiramente, essa técnica tornou-se necessária, obrigatória, para as pessoas que deviam realizá-la pelo menos uma vez ao ano, uma vez ao mês, uma vez por semana ou, caso você seja um monge, todos os dias. Esse é o primeiro ponto. Em segundo lugar, isso deve ser feito com alguém que lhe foi imposto como diretor; você não tem escolha. No decreto[24] de 1215, quando a confissão se tornou obrigatória no cristianismo, devia-se confessar-se somente ao padre da vila, ao padre da paróquia e a ninguém mais. Em terceiro lugar, devia-se responder a uma série de questões que eram sempre as mesmas, e, na maioria das vezes, era o padre que interrogava – "Você fez isso? Você fez isso? Você fez isso?" – e impunha a penitência. Percebam, então, que é uma forma de cuidado de si mesmo, e que é uma forma de deixar que outra pessoa cuide de ti mesmo. Poderíamos dizer a mesma coisa do sistema educacional, no qual a constituição do si pelo outro é uma coisa muito importante. Existe, então, um cuidado de si, mas não mais aquela forma de cultura autônoma que encontrávamos na sociedade greco-romana.

Você disse na conferência que a cultura de si clássica era muito diferente da cultura de si moderna. Contudo, é possível enxergar uma continuidade entre uma e outra ou a cultura de si clássica é uma coisa que simplesmente desapareceu?

---

23 Sobre a evolução das características da confissão cristã a partir do século XIII, em especial do Cânon 21 do Quarto Concílio de Latrão (1215), que regulamenta o sacramento da penitência, ver AN, pp. 161–79 [pp. 220–44] e MFDV, pp. 182–89.

24 Foucault pronuncia a palavra em francês: *décret*.

Sempre as mesmas questões! Perdão, é que tive uma conversa muito interessante com Paul [Rabinow] hoje de manhã, e ele me colocou uma questão parecida; e, vejam bem, o que me aborrece é que, antes de vir aqui, isso não havia passado pela minha cabeça; eu praticamente terminei meu livro e ainda não tinha percebido essa dificuldade ou esse problema... Paul me ajudou a tomar consciência do que não estava totalmente claro nem na minha exposição, nem no meu livro; não se trata definitivamente de algo como a apresentação de uma idade de ouro, onde tudo estava indo perfeitamente bem e onde as pessoas cuidavam de si mesmas de modo recreativo, longe do cristianismo, da sociedade burguesa, da pressão industrial, de uma conjuntura difícil etc. Não, não tem nada a ver com isso. Eu acredito que é possível mostrar até que ponto, por exemplo, a ética sexual, na Antiguidade, podia ser dura, difícil e até terrível. É apenas em sonho, talvez um sonho hegeliano ou um sonho de *Aufklärer*, que faz da sociedade grega uma idade de ouro em que a bela totalidade da vida era consciente de si mesma. Não havia a "bela totalidade". Mas existia, acredito eu, algo importante: é que, como se pode ver, na nossa sociedade, nos nossos dias, sempre estamos lembrando que nossa ética e nossa moral estiveram ligadas à religião ao longo de séculos e séculos. Ela também estava ligada às leis civis e, de certa maneira, à organização jurídica, e a moral, num certo momento, assumiu a forma de uma estrutura jurídica – pensem em Kant. Sabe-se muito bem que a ética estava ligada à ciência, ou seja, à medicina, à psicologia, até mesmo à sociologia, à psicanálise etc. Eu creio que essas três grandes referências à religião, à lei e à ciência estão, hoje em dia, eu diria, meio batidas. E nós sabemos muito bem que temos necessidade de uma ética, e que não podemos demandá-la à religião, à lei, à ciência. Nós temos o exemplo de uma sociedade, a sociedade greco-romana, na qual uma ética, e uma ética de grande importância, existiu sem essas três referências. Essa ética é tão importante que uma parte da nossa ética cristã, ou dita "cristã", vem de lá. O problema não é de modo algum retornarmos a essa ética greco-romana, já que uma parte da nossa ética vem dela. Mas nós sabemos que é possível fazer uma investigação sobre a ética, erigir uma nova ética, dar lugar a isso que eu chamaria de imaginação ética sem qualquer referência à religião, à lei e à ciência. E é por essa razão que acredito que essa análise da ética greco-romana enquanto *estética* da existência pode ser de algum interesse.[25]

O cuidado de si e a consciência de si que são atualmente os nossos estão inextrincavelmente ligados à disciplina?

Eu não consigo responder exatamente a sua pergunta, porque não tenho certeza. Mas eu diria que o cuidado de si, originariamente, era algo muito diferente da disciplina. Eu devo dizer também que a disciplina – pelo menos essa rígida disciplina que podemos encontrar nos quartéis do século XVIII, no exército prussiano, mas também nos exércitos franceses, ingleses etc. – não tinha quase nada a ver com o cuidado de si; é algo que lida com o comportamento, com o corpo, as atitudes etc.; é muito diferente. Porém é um fato que houve, em certo momento, ligações entre as técnicas do cuidado de si e as técnicas disciplinares. Por exemplo, nos monastérios, nas instituições monásticas da Idade Média, e mais particularmente nas instituições beneditinas, encontram-se interessantes relações entre cuidado de si e disciplina. Como vocês devem saber, as instituições monásticas beneditinas derivam diretamente da legião romana, do exército romano. A organização monástica adotou como modelo a legião romana, com os decuriões etc., e a organização monástica beneditina é idêntica. Tentou-se utilizar, de uma só vez, esse modelo disciplinar e as técnicas de si desenvolvidas no ascetismo oriental de Evágrio, em que havia uma espiritualidade que nada tinha a ver com o exército. Mas pode-se ver também como no século XIX... ou mesmo, considerem as instituições pedagógicas mantidas pelos jesuítas dos séculos XVII-XVIII, pode-se encontrar uma relação e um elo muito

25 Sobre o tema da "estética da existência", ver, entre outros, "On the Genealogy of Ethics", op. cit., pp. 1203–05, 1209; "Rêver de ses plaisirs: Sur l'"Onirocritique' d'Artémidore" [1983], in DE II, n. 332, p. 1307 ["Sonhar com seus prazeres: Sobre a 'onirocrítica' de Artemidoro", p. 191]; "À propos de la généalogie de l'éthique", op. cit., pp. 1429–30, 1434 ["Sobre a genealogia da ética", pp. 215–16, 220]; "Une esthétique de l'existence" [1984], entrevista com A. Fontana, in DE II, n. 357, pp. 1550–51 ["Uma estética da existência", p. 290]; CV, pp. 149–51 [pp. 141–43]; UP, pp. 103–07 [pp. 107–12].

interessantes entre o cuidado de si e as técnicas disciplinares; nos grandes colégios, no sentido francês da palavra *collège* (instituições públicas para rapazes), no século XVIII, é muito interessante identificar a relação entre ambas [as técnicas].

> *Em* Vigiar e punir *e também em* A vontade de saber, *você descreveu o funcionamento do poder e mostrou que o poder, ou melhor, as relações de poder, estão por toda parte. Por acaso a principal fonte da resistência às relações de poder, e talvez da liberação, não estaria em perseguir o prazer corporal?*

Não estou convencido de que consigo responder sua questão. Uma coisa me inquietava quando eu lia, há alguns anos, livros sobre a sexualidade e a psicanálise. É o fato de que as pessoas se sentem ou parecem se sentir incomodadas quando se trata de falar sobre o prazer. Há uma literatura inacreditável sobre o desejo, milhares de volumes consagrados ao desejo, à teoria do desejo, à repressão do desejo etc. Mas, quando as pessoas precisam falar sobre o prazer, parece que elas emudecem.[26] E, quando se compara esse fato àquilo que era a literatura greco-romana consagrada aos mesmos problemas, o sexo, a ética etc., vê-se que não havia, de fato, nenhuma diferença, ou quase nenhuma diferença, entre *epithymía* e *hedoné*. E encontra-se sempre a mesma fórmula que retorna nesses textos: "ser escravo das *epithymión kaì hedonón*" ou "ser libertado das *epithymión kaì hedonón*". Desejo e prazer são como uma entidade que não é possível dissociar. E, como se sabe muito bem, na literatura

26 Sobre a importância estratégica não apenas de falar sobre o prazer, mas de criá-lo, de criar novas possibilidades de prazer, ver "Une interview de Michel Foucault par Stephen Riggins" [1983], in DE II, n. 336, p. 1355 ["Uma entrevista de Michel Foucault por Stephen Riggins", pp. 200–02] e "Michel Foucault, une interview: Sexe, pouvoir et la politique de l'identité" [1984], entrevista com B. Gallagher e A. Wilson, in DE II, n. 358, pp. 1556–57 ["Michel Foucault, uma entrevista: Sexo, poder e a política da identidade", p. 254]: "O prazer também deve fazer parte de nossa cultura. É muito interessante observar, por exemplo, que, há séculos, as pessoas em geral – mas também os médicos, os psiquiatras e até os movimentos de liberação – sempre falaram de desejo, e jamais de prazer. 'Devemos liberar nosso desejo', dizem eles. Não! Devemos criar prazeres novos. Então, talvez, o desejo siga". Ver igualmente "Sexualité et politique" [1978], in DE II, n. 230, p. 527 ["Sexualidade e política", pp. 31–32].

psicanalítica, é um tanto vulgar falar do prazer; se você quiser ser um psicanalista verdadeiramente refinado, deve falar do desejo. Há uma flagrante desvalorização do prazer nesse gênero de literatura. Seja como for, um dos meus objetivos ao fazer o estudo dessas técnicas de si foi compreender como e por que o problema do desejo ganhou tanta importância, ao passo que era o problema do desejo e do prazer que tinham importância na Antiguidade greco-romana.[27] O problema na Antiguidade greco-romana é: o que fazer com nosso prazer? Como experimentar esse prazer? Até que ponto, dentro de quais limites etc. etc.? Era realmente um problema do prazer e do uso dos prazeres. Eu nunca li livros chineses sobre a arte erótica, mas li o livro muito interessante escrito por Van Gulik.[28] Não sei se vocês já leram; ele é muito, muito interessante. E vocês percebem que o problema não era o problema do desejo; o problema da arte erótica chinesa era o problema do prazer: como fazer para sentir prazer, com tal intensidade etc. etc.?[29] Acreditamos que sejamos uma civilização, talvez *a* civilização, na qual o problema do desejo recebeu muito mais importância do que o problema do prazer. E

27 Na aula de 11 de março de 1981 de seu curso, no Collège de France, Subjetividade e Verdade, Foucault argumenta que a "grande problemática ocidental do desejo nasceu no interior da imagem ideal da família conjugal e da relação entre homem e mulher tal como é definida naquele momento", no mundo romano, no primeiro século de nossa era. Ver SV, pp. 219–20 [p. 194]. Sobre a constituição do "sujeito do desejo", ver também SV, pp. 290–93 [pp. 258–61]; UP, pp. 11–12, 18 [pp. 8–10, 18–19].

28 R. H. van Gulik, *Sexual Life in Ancient China: A Preliminary Survey of Chinese Sex and Society from ca. 1500 BC till 1644 AD* [1961]. Leiden: E. J. Brill, 1974. Ver "À propos de la généalogie de l'éthique", op. cit., p. 1441 ["Sobre a genealogia da ética", p. 228]; UP, pp. 154–55 [pp. 166–68].

29 Sobre a "arte erótica" (*ars erotica*) – na China, no Japão, na Índia, em Roma, nas sociedades árabes-islâmicas – que extrai a verdade do "próprio prazer, encarado como prática e recolhido como experiência", em direta oposição ao que Foucault chama de "saber do sexo" (*scientia sexualis*), ver VS, pp. 76–84 [pp. 63–70]; "L'Occident et la vérité du sexe" [1976], in DE II, n. 181, p. 104 ["O Ocidente e a verdade do sexo", pp. 4–6]; "Sexualité et pouvoir", op. cit., pp. 556–57 ["Sexualidade e poder", pp. 61–62]. Em uma entrevista de 1983, porém, Foucault afirma que "os gregos e os romanos não tinham nenhuma *ars erotica* comparável à *ars erotica* dos chineses [...] Eles tinham uma *téchne toû bíou*, em que a economia do prazer desempenhava uma função muito grande". Ver "On the Genealogy of Ethics", op. cit., p. 1434.

por qual razão? Por que nos reconhecemos como sujeitos de desejo e não como agentes de prazer? Por que nossa teoria do sexo, da sexualidade, da existência, a teoria do ser humano, a antropologia, a antropologia filosófica etc. – ocupam-se do problema do desejo, da natureza do desejo masculino, do desejo feminino, enquanto o problema do prazer dispõe de um pequeno espaço na nossa teorização, reflexão e ética? É o problema que eu quero estudar. E creio que esse lento deslocamento, desde a concepção de maestria [de si], que vocês podem encontrar como o problema principal da ética no séc. IV a.C., até a decifração de si no cristianismo primitivo, foi o deslocamento por meio do qual o problema do desejo alcançou predominância, porque, na decifração de si, o problema é: qual é meu desejo? O que eu desejo? Para onde o meu desejo está voltado etc.? A hermenêutica de si, o desenvolvimento da hermenêutica de si, e a predominância do desejo como principal atributo humano, não somente da sexualidade humana, mas do ser humano, da existência humana, é algo que eu considero realmente importante, uma vez que, para os gregos do século IV [a.C.], o problema era a maestria de si, que consiste na limitação do prazer. Limitação do prazer, decifração do desejo, não se trata exatamente de duas teorias da ética, mas de dois tipos de relação consigo.

Procuramos conhecer a nós mesmos, procuramos saber o que é bom para nós, confessamos certas coisas a certas pessoas, como a psicanalistas, por exemplo. É o que fornece a ciências como a psicologia ou a sociologia uma maneira que pode ser utilizada para melhor governar as pessoas e delas obter certa conduta. Pode-se dizer que, através da hermenêutica de si, a cultura de si favorece a difusão de mecanismos disciplinares na sociedade?

Sim, claro, mas depende da forma como acontece essa decifração de si. Por exemplo, quando ela toma a forma da penitência cristã, da penitência católica, os efeitos disciplinares são bastante explícitos e bastante potentes. Nas técnicas psicanalíticas, na prática psicanalítica, por exemplo, creio que os efeitos disciplinares – estou tentando ser prudente – não são tão evidentes. Não estou dizendo que não existem, mas que não é tão evidente quanto [na penitência católica].

Seu trabalho sobre a sexualidade poderia também ser utilizado para estudar o passado das mulheres, por exemplo, durante o período grego? Eu sei que você não está à procura de uma idade de ouro, mas ela seria provavelmente ainda mais triste que hoje em dia. Você tem pretensão de fazer esse gênero de estudo?

A questão é muito importante. Antes de tudo, você tem toda razão, o período grego não era definitivamente uma idade de ouro para a vida sexual, mesmo para os gays – se é que é possível utilizar essa categoria para a sociedade grega, e eu duvido bastante disso –; mas, em todo caso, ela era dura para todo mundo. O segundo ponto que eu gostaria de sublinhar é que o que gostaria de fazer com esse estudo sobre a história da sexualidade não é uma história do comportamento, ou dos modelos de comportamento, ou das regras de comportamento; não é uma história do comportamento sexual. Trata-se do modo como nossa civilização integrou o problema do sexo ao problema da verdade ou da maneira como o problema da verdade e o problema do sexo estiveram ligados um ao outro.[30] O que naturalmente nos leva à psicanálise, mas também nos leva ao problema do cristianismo, por exemplo, quando se considera que o pecado da carne é o pecado mais importante que se poderia cometer e que a verdadeira pureza da alma está ligada a um obscuro desejo sexual, à concupiscência.[31] Eis, então, como se pode ver, o meu problema; não é um problema de história social, é um problema de pensamento – o sexo enquanto pensamento na sua relação com a verdade, com a verdade individual. E, nessa história, é um fato que o papel principal foi dos homens, exclusivamente dos homens, porque a teoria do sexo, as regras

---

30 Em uma discussão com Hubert Dreyfus e Paul Rabinow em Berkeley em abril de 1983, Foucault diz que seu problema é: "por que nós acreditamos que não é possível ter uma ética sexual sem a obrigação de conhecer, de decifrar, de descobrir, de revelar e de dizer a verdade sobre nós mesmos? Essa ligação entre ética sexual e verdade de si é meu problema genealógico". Ver *Discussion with Michel Foucault*, D 250(5), op. cit., p. 14.

31 Foucault pronuncia essa palavra em francês: *concupiscence*. Sobre a noção cristã de *concupiscence*, ver AN, pp. 171–80, 187–212 [pp. 158–66, 173–95]; "Le combat de la chasteté" [1982], in DE II, n. 312, pp. 1114–27 ["O combate da castidade", pp. 104–18].

relativas às técnicas de si, as regras do comportamento sexual etc. foram impostas pelos homens, por uma sociedade masculina e por uma civilização masculina. Assim, creio que essa história do elo entre a verdade e o sexo deve ser feita sob a perspectiva do homem. Mas, claro, pode-se também, e eu creio ser necessário fazê-lo, pensar os efeitos disso na experiência sexual, na experiência do prazer e na experiência de si das mulheres. Mas isso já seria outra coisa completamente diferente.

Você nem apoia nem combate as teorias e sequer examina seus valores de verdade, você diz não ser estruturalista, não faz hermenêutica, não se importa com a totalidade. Nesse sentido, por que deveríamos acreditar em você?

Não há razão alguma.

DEBATE NO DEPARTAMENTO DE LÍNGUA FRANCESA

Vejam bem, vou tentar responder às questões. Em princípio, creio que a língua esperada seja o francês, mas, se for um problema, e se vocês quiserem escutar meu inglês ruim – ele é ainda pior que meu francês –, posso tentar responder em inglês, se for preferível para alguns.[1]

> ***Disseram-me que você foi questionado inúmeras vezes sobre a diferença entre sua concepção de cultura de si e a nossa visão californiana de hedonismo. Mas ninguém conseguiu ainda me explicar sua resposta.***

Isso prova que a pergunta foi boa e a resposta ruim. Vou tentar melhorar a resposta.

O que me interessa na cultura greco-romana, na cultura helenística que começa a se desenvolver a partir do século III [a.C.] e que vai até os séculos II-III d.C., é um fenômeno para o qual os gregos tinham uma palavra muito específica, uma palavra que é encontrada constantemente nos textos e que é o termo *epiméleia heautoû*, ou seja, cuidar de si mesmo, ocupar-se de si. *Epiméleia* não é simplesmente se interessar por si mesmo, não é simplesmente a tendência a uma fixação por si mesmo. *Epiméleia* é uma palavra muito forte em grego, a qual quer dizer "trabalhar", "ocupar-se de". Por exemplo, a gestão de uma propriedade agrícola é chamada por Xenofonte de *epiméleia*. As responsabilidades

1 Muitas respostas que Foucault, originalmente, ofereceu neste debate, foram reproduzidas e reutilizadas por Herbert Dreyfus e Paul Rabinow – muitas vezes as recortando, reagrupando ou reformulando – para "construir" a entrevista "On the Genealogy of Ethics", op. cit., pp. 1202–30, publicada em inglês em 1983, depois em francês, em 1984, com algumas modificações feitas pelo próprio Foucault (ver "À propos de la généalogie de l'éthique", op. cit., pp. 1428–50 ["Sobre a genealogia da ética", pp. 214–37]).

de um monarca ou de um chefe com seus cidadãos, o trabalho que ele tem a fazer, isso também se chama *epiméleia*. O que um médico faz relativamente à doença, quando pratica o cuidado, isso também é *epiméleia*. Portanto é uma palavra que traz um sentido muito forte, que designa um trabalho, uma atividade, consequentemente, uma técnica. É, portanto, muito mais uma técnica de si ou um trabalho sobre si que uma simples atenção ou interesse por si mesmo. Esse é o primeiro ponto.

A segunda coisa que me interessa nessa noção, nessa prática de si mesmo, é que se vê nela o nascimento e o desenvolvimento de certo número de temas ascéticos que, de ordinário, são atribuídos ao cristianismo, que leva o crédito por ter substituído uma ética e um modo de vida greco-romano supostamente bem tolerantes por um modo de vida austero, marcado por toda uma série de renúncias, interdições e proibições. De fato, nesse trabalho sobre si mesmo, nessa prática de si sobre si, a Antiguidade e o moralismo antigo associavam a essa atividade toda uma série de austeridades, particularmente austeridades sexuais que o cristianismo, no fundo, pegou emprestado. E seria preciso, então, destacar, no lugar de uma grande ruptura moral entre a Antiguidade pagã, tolerante, e um cristianismo austero, o lento nascimento, a partir dessas práticas de si, de uma ética austera, de um modo de vida severo, rigoroso. Essa é a segunda coisa que me interessa.

A terceira coisa é que esse trabalho sobre si, com suas consequências quanto à austeridade mesma da vida, não é imposto aos indivíduos nem por uma lei civil, nem por obrigações religiosas: é uma escolha de existência. As pessoas escolhem, decidem por si mesmas ocuparem-se de si: é uma espécie de escolha de existência, de modo de vida, que se impõem a si mesmas. E que se impõem a si mesmas em função de quê? Não para salvar suas almas, alcançar a vida eterna após a morte, até porque não se acreditava nisso. As pessoas o faziam unicamente para tornarem suas próprias vidas uma obra de arte, o que significa que, por motivos de uma estética da existência, escolhia-se esse modo de vida. Pois bem, essa é uma ideia que acredito ser muito importante e que nós iremos reencontrar em nossas sociedades durante um bom tempo, mas sob formas um pouco atenuadas, a ideia de que a principal obra de arte da qual devemos nos ocupar, o principal domínio no qual seria preciso aplicar valores e técnicas estéticas, é o si, é a sua vida, a sua existência.[2] É o que se reencontrará no Renascimento e se reencontrará também no dandismo do século XIX; mas são apenas episódios, por assim dizer, falta alguma coisa.

E, enfim, por consequência, o si, esse objeto sobre o qual se trabalha, que se tenta elaborar baseando-se em valores estéticos, não é exatamente algo que se deva descobrir por ter sido ocultado, por ter sido alienado ou desfigurado por qualquer motivo. O si é uma obra de arte. É uma obra que está em vias de se criar e que, de certa forma, tem-se diante de si. E não se realiza o seu próprio si senão ao fim da vida, no momento da própria morte. Daí a curiosa supervalorização da velhice, dos últimos instantes da vida e da morte. O instante da própria morte, ou o momento em que já se está muito velho para se ter algo a mais para viver, ou quando se pode esculpir toda uma vida e organizá-la como uma obra de arte, imortalizada na memória dos homens sob o brilho das lembranças, é isso que constitui o objetivo e é nesse momento que o si terá sido realmente criado. Daí a ideia, eu diria, igualmente importante, de que o si é, portanto, uma criação, uma criação de si mesmo: faz-se o próprio si.

Percebe-se que há um certo número de temas, e eu não diria que seria necessário reutilizá-los efetivamente da mesma forma, os quais indicam como, em uma cultura a que devemos certo número de elementos que constituem a moral, em uma cultura que teve uma prática de si e uma concepção de si muito diferente da que nos é hoje apresentada como característica do culto a si mesmo, em um culto em que se trata de descobrir qual é o verdadeiro si mesmo, de libertá-lo de tudo o que pode obscurecê-lo, aliená-lo, de decifrar sua verdade através de uma ciência psicológica, psicanalítica, pouco importa, que será capaz de dizer qual é o nosso verdadeiro desejo. Portanto não apenas eu não identifico essa cultura antiga de si àquilo que se poderia chamar de culto californiano de si como eu diria até que são coisas opostas. O que se deu, desde então, foi uma espécie de reversão de uma cultura de si que foi se elaborando em torno do cristianismo, quando a ideia de um si que, ao longo da vida, é criado pelo próprio trabalho, como obra de arte, foi substituída pela ideia de um si ao qual se deve

2 Ver supra, p. 139, nota 25.

renunciar, já que ocupar-se de si é afastar-se da vontade de Deus; um si ao qual se deve renunciar, mas que é preciso, ao mesmo tempo, decifrar, porque é nele que veem se alojar, se enraizar, os elementos primeiros da concupiscência, do desejo, da carne etc. A partir do momento em que o si torna-se algo que não é preciso fabricar, mas a que é preciso renunciar; a partir do momento em que o si deixa de ser uma obra de arte a ser indexada aos valores estéticos e decifrada como um texto obscuro, o que temos é uma reviravolta da experiência de si bastante característica do cristianismo.[3] Consequentemente, entre o cristianismo e o paganismo, a oposição não é entre a tolerância e a austeridade, mas entre uma forma de austeridade que é ligada a uma estética da cultura de si e outras formas de austeridade que, por sua vez, aparecem ligadas à necessidade de renunciar a si e de decifrar o verdadeiro si.

> *Pode ser que eu tenha entendido errado, mas teve uma hora em que você disse, como Lacan, que o eu* [moi] *é algo criado, mas me pareceu que você também tinha dito que o eu* [moi] *é uma coisa que já está dada.*

Veja, eu não usei a palavra "eu" [*moi*]. As palavras que utilizo são "indivíduo", "sujeito", "si", "relação consigo". De qualquer forma, eu não sei se seria capaz de dar um sentido preciso ao eu [*moi*]. E, por outro lado, não tenho tanta certeza assim que Lacan disse que o eu é uma criação.

> *Eu tampouco.*

Então vamos combinar que estamos igualmente incertos! E, por ora, vamos deixar de lado a hipótese de Lacan sobre o eu [*moi*] fabricado...

---

3 Nas suas conferências sobre *L'origine de l'herméneutique de soi* [A origem da hermenêutica de si], Foucault descreve essa "reviravolta" como uma passagem do "si gnômico" – "que não deve ser descoberto, mas constituído" – ao "si gnosiológico" – que, ao contrário, é "como um texto ou um livro que deve ser decifrado" por um trabalho hermenêutico para uma melhor renúncia de si. Ver OHS, pp. 50–51, 88–90. Ver igualmente GV, pp. 289–98 [267–76] e MFDV, pp. 89–91, 139–49, 161–65.

Eu gostaria de colocar duas questões a respeito das relações entre escrita e cultura de si. Em que sentido a escrita contribui para o desenvolvimento da cultura de si? Em segundo lugar, de que forma, através da escrita, esse desenvolvimento assumiu uma dimensão estética?

São duas questões muito boas. A primeira é sobre a relação entre a escrita e o problema da cultura de si. Você está me perguntando se haveria algo na escrita que está ligado, que permitiria de uma maneira particular, o desenvolvimento da cultura de si.

Bom, eu não posso respondê-la. Eu gostaria, porque é uma questão importante e delicada, que torna aparente, em princípio, certo número de elementos empíricos que, muito frequentemente, são um pouco omitidos quando se coloca o problema da escrita. É o famoso problema dos *hypomnémata*.[4] Quando se encontra, no famoso texto *Fedro*,[5] certa crítica aos *hypomnémata*, geralmente tem-se a tendência de não se dar a essa palavra um sentido muito diferente de algo como um elemento que serve de suporte material à lembrança. E isso seria a escrita como suporte material à memória. Mas *hypomnémata* possui um sentido efetivamente bastante preciso, é um objeto muito preciso. Os *hypomnémata* são o quê? São isto: um caderno, um bloco de notas. São um tipo de caderno de notas cujo hábito tinha começado a se espalhar naquele momento na Atenas clássica, e que são, por sua vez, um instrumento político de administração, já que era deste jeito, era nos *hypomnémata* que se registravam, por exemplo, as taxas de transações comerciais, os encargos impostos aos indivíduos etc.; era um instrumento de gestão política. Os *hypomnémata* eram também – para quem tinha uma empresa privada, fosse uma empresa agrícola ou comercial – o que registrava as atividades que tinham sido realizadas, ou que ainda o seriam. Os *hypomnémata* eram, enfim, um instrumento de gestão da vida pessoal, pelo qual se tomava nota do que se tinha feito e, sobretudo, do que precisava ser feito, e que permitia

4 Ver "A cultura de si", supra, p. 103, inclusive a nota 43.

5 Platão, *Fedro* [séc. IV a.C.], trad. José Cavalcante de Souza. São Paulo: Editora 34, 2016, 274c–275d, pp. 191–95.

lembrar, no início do dia, o que era para ser feito ao longo do dia. Essa introdução dos *hypomnémata*, não só como suporte material das lembranças em geral, mas como esses instrumentos materiais dos quais eu falava há pouco – provavelmente, a comparação que faço é, ao mesmo tempo, fácil e pouco interessante – é tão perturbadora quanto a introdução do computador na vida privada atual. É esse, por assim dizer, o quadro técnico, material, no qual se impõe a questão dos *hypomnémata*. Um exemplo dos *hypomnémata*, o primeiro, inclusive, de que tenho notícia – mas talvez se encontrasse outros –, está nos *Memoráveis* de Xenofonte, quando, no fim, ele fala que Sócrates dá conselhos a seus discípulos.[6] Sócrates lhes dá conselhos sobre a saúde: como manter uma boa saúde e qual regime seguir? Aqui encontramos a influência do hipocratismo e de suas práticas de regime, que derivam, de uma só vez, do pitagorismo e da influência médica. E é muito marcante que Sócrates, nos *Memoráveis*, diga aos discípulos: "Vocês precisam anotar nos *hypomnémata* o que vocês comem, como vocês reagem ao que comem, e qual regime vocês estão seguindo".

Em segundo lugar, agora, uma outra série de problemas. É o problema levantado, são os problemas que são levantados pelo texto do *Fedro* e sua famosa crítica da escrita, no sentido de que a escrita seria oposta à cultura da memória. Ora, se vocês lerem o *Fedro*, vão perceber que essa avaliação é fugaz se comparada a uma outra que é fundamental e que não deixa de percorrer o texto de uma ponta a outra: pouco importa que um discurso seja escrito ou oral, o problema é saber se ele está indexado ou não à verdade. E percebe-se que, nesse momento, o problema escrito-oral é completamente secundário para Platão, se comparado a essa outra questão fundamental.

Em terceiro lugar, o que eu gostaria de dizer é o seguinte. No problema da cultura de si e da técnica de si, o que me parece notável é que esses novos instrumentos, que são os instrumentos de memorização pela escrita, os *hypomnémata*, parecem ter sido utilizados para constituição de uma relação permanente consigo.

---

6 Xenofonte, *Les mémorables* [séc. IV a. C.], livre VI, chap. VII, 9, in *Œuvres*, t. III, op. cit., p. 412.

E, se é verdade que existe o aspecto da gestão política, [da] gestão da propriedade, que possui [uma importância muito grande], na gestão de si e na ideia de que é preciso gerir a si mesmo como um governo gere os governados, como um patrão gere uma empresa, como um patriarca gere seus criados, eu penso haver algo muito importante para o desenvolvimento dessa ideia que encontraremos ao longo de séculos, praticamente até o cristianismo, e que é o tema de que a virtude consiste essencialmente em governar perfeitamente a si mesmo, isto é, em exercer sobre si uma maestria tão precisa quanto aquela de um soberano contra quem não eclode nenhuma revolta. Assim, por assim dizer, o ponto que me parece reproduzir de uma maneira marcante a questão dos *hypomnémata* e a questão da cultura de si é esse ponto onde a cultura de si se atribui como objetivo o perfeito governo de si mesmo, ou seja, uma espécie de relação política permanente de si para si; nós temos que construir uma política de nós mesmos.[7] E essa política de nós mesmos, nós a realizamos no sentido de quem, materialmente, faz uso dos *hypomnémata*, tal como os governantes são obrigados a tomar registro, tal como os dirigentes de um empresa também são obrigados a tomar nota. É nesse sentido que a escrita me parece estar associada ao problema da cultura de si.

Em seguida, o que deve ainda ser estudado – o que eu tinha esboçado era um mero sobrevoo e um programa – são os diferentes modos de escrita que vemos se desenvolvendo durante esse período. Parece-me que há dois grandes modos de escrita

7 Foucault já havia usado essa expressão em 1980, na conclusão de suas conferências sobre *L'origine de l'herméneutique de soi* [A origem da hermenêutica de si], em que lhe atribui, porém, um sentido ligeiramente diferente: ela não se referia tanto ao problema do governo de si, da instauração de uma relação de tipo "político" consigo, mas ao problema das tecnologias que, ao longo de nossa história, fabricaram o nosso "si" e que agora, segundo Foucault, teríamos de mudar – tarefa que ele considera estritamente política. Ver OHS, pp. 91, 93. Além disso, durante uma conversa que se deu em Berkeley em abril de 1983, Foucault diz que, mesmo que, às vezes, "na ética antiga, as pessoas procurassem definir a relação que tinham consigo como uma relação de poder", essa relação consigo "não é uma relação de poder". A relação de "domínio" que havia consigo deve ser, portanto, distinguida das relações de poder com os outros. Ver *Discussion with Michel Foucault*, D 250(9), op. cit., p. 17.

de si, de uma escrita que possibilita uma cultura de si.[8] Primeiro, os famosos *hypomnémata*, os cadernos que trazemos conosco, e que parecem ser absolutamente diferentes daquilo que iremos encontrar a partir do cristianismo e, em maior medida, no século XVI, nos diários, onde dizemos a nós mesmos nossas próprias experiências, nossa própria vida cotidiana etc. Acredito que os *hypomnémata* eram sempre restritos a um registro de preceitos, de coisas que é preciso lembrar e fazer. Nos *hypomnémata* toma-se nota das leituras que foram feitas, das conversas, das lições que o mestre ministrou e toma-se [nota do] que serviria de quadro e, de certa maneira, de regra permanente para a vida. A regra permanente, a regra que é preciso interiorizar pela leitura permanente dos *hypomnémata*, é o que era preciso anotar nesses cadernos.

Por outro lado, a narrativa de si, esses textos nos quais se descreve como foi o dia, as impressões, os encontros que aconteceram, tudo isso que é a dimensão, não mais da prescrição de si mesmo, mas da narrativa de si, ou melhor, isso que é não a prescrição, mas a descrição de si, não se encontram nos *hypomnémata*, encontram-se na correspondência, nas cartas, ou seja, ali onde há a presença de um outro. Pois bem, parece que essa evolução do gênero epistolar foi bastante perceptível e num espaço bastante curto de tempo, por exemplo, de Cícero a Sêneca. Quando Cícero escreve aos seus amigos, é para dizer: "Ah, você sabe, tem o Marco Antônio que me causa tal ou qual aborrecimento, eu tenho tal problema etc." – são sempre cartas tratando de negócios, cartas políticas. E, na prática, Cícero jamais fala de si mesmo, salvo quando menciona problemas de saúde ou que ele fez uma viagem etc. Com Sêneca, por outro lado, inaugura-se uma descrição de si completamente diferente. Em suas cartas – salvo engano é a carta 55[9] – encontra-se a descrição de um passeio que fez nos arredores da sua propriedade, e ele caminha na praia e vê, de um lado, o mar e, do outro, a propriedade de um dos seus antigos amigos, falecido recentemente etc. E, depois, ele conta suas impressões, suas impressões físicas, a maneira como respira o ar, a maneira como o ar marinho apaziguou os sintomas da asma,

8 Ver "L'écriture de soi", op. cit., pp. 1236–49 ["A escrita de si", pp. 146–62].

9 Sêneca, *Cartas a Lucílio*, op. cit., carta 55, pp. 187–90. Ver "L'écriture de soi", op. cit., pp. 1246–47 ["A escrita de si", pp. 158–59].

as lembranças que vieram à tona quando reparou na casa do amigo que partiu recentemente etc. Tem-se uma verdadeira descrição de si, aparentemente, absolutamente nova, se comparada a Cícero. Ora, isso tem cinquenta anos de diferença.[10] E, agora, tem-se uma descrição, uma descrição endereçada a outros. E parece-me que no dia em que o caderno íntimo, os *hypomnémata*, tornam-se algo diferente do lembrete do que é preciso fazer, do que é preciso não se esquecer para se conduzir bem, e quando os *hypomnémata*, os cadernos íntimos, se transformam em descrições de si mesmo, tem-se o testemunho de Santo Atanásio a respeito de Santo Antão, em que Atanásio diz que Santo Antão tinha um caderno sempre junto de si e que todas as tentações que tivera durante a noite, as visões demoníacas, tudo que lhe havia sido sugerido por Satã para o fazer cair, ele escrevia em seu caderno.[11] E aqui tem-se um início para a narrativa de si.

Portanto, entre, se vocês me permitem, os *hypomnémata* evocados por Xenofonte, em que se tratava apenas de recordar os elementos do regime, e a descrição das tentações noturnas de Santo Antão, a evolução é evidentemente gigantesca; mas tem-se, ainda assim, uma passagem entre os dois: a passagem é a descrição dos sonhos, porque nos *hypomnémata* entendeu-se aparentemente muito cedo que se devia contar os próprios sonhos. E tem-se testemunhos a respeito disso. O testemunho de Artemidoro não é claro, porém isso fica implícito.[12] Mas tem-se o testemunho bastante claro de Sinésio[13] – Sinésio era um pagão que se converteu ao cristianismo no início do século IV, creio eu –, e no qual ele diz, aparentemente, referindo-se a uma tradição... Sinésio, eu não me

---

10 Na verdade, há quase um século de diferença entre as cartas de Cícero e Sêneca.

11 Ver Atanásio de Alexandria, *Vie d'Antoine* [séc. IV d. C.], 55, 7, trad. fr. G. J. M. Bartelink. Paris: Éditions du Cerf, 1994, pp. 285–87. Ver GV, p. 252 [pp. 233–34]; MFDV, pp. 142–43; "L'écriture de soi", op. cit., pp. 1234–36 ["A escrita de si", pp. 144–46].

12 Sobre a *Onirocrítica* de Artemidoro, ver "Séxualité et solitude", op. cit., p. 993 ["Sexualidade e solidão", pp. 98–99]; SV, pp. 49–103 [pp. 45–93]; "Rêver de ses plaisirs", op. cit. ["Sonhar com seus prazeres"]; SS, pp. 16–50 [pp. 7–50].

13 Ver Sinésio de Cirene, *Traité sur les songes*, op. cit., 18.2 e 20.1, pp. 305 e 308–09. Ver supra, p. 107, nota 1.

lembro bem, para lhes dizer exatamente, Sinésio não foi tão precoce quanto Santo Antão,[14] então não é ele que nos servirá de elo, mas Sinésio evoca, como parece ser uma prática perfeitamente recorrente, o fato de que, para saber por quais eventos se espera ou por quais eventos se é ameaçado, é preciso conhecer os próprios sonhos, interpretar os próprios sonhos, é preciso tomar nota e ter junto de si, durante a noite, um caderno no qual os próprios sonhos sejam registrados, para se poder ou interpretá-los na manhã seguinte, por conta própria, ou mostrá-los a alguém para os interpretar. E aqui parece que, com essa descrição da noite, dá-se um passo importante em direção à descrição íntima de si nos cadernos.

Era isso o que gostaria de lhes dizer sobre a escritura. Isso é tudo o que eu sei atualmente; estou resumindo o que poderia dizer. Simplesmente, isso me interessa, porque acredito que, se é verdade que são muito importantes os problemas da estrutura retórica do discurso autorreferenciado àquele que escreve, todo esse problema da institucionalização da escrita de si no interior de uma prática de si, de uma cultura de si, tem a sua importância e que não se pode entender, por exemplo, o que são os *Ensaios* de Montaigne se não se tem em mente a vasta cultura de si, prática de si, através da escrita, que tinha quase dois mil anos quando Montaigne a utilizou.

> *Se entendi bem o que o você estava dizendo, nos* hypomnémata, *que prescrevem o que se deve fazer, seriam introduzidos, através da escrita, elementos que são mais difíceis de controlar, como os sonhos, as sensações...*

Penso que, através da evolução da prática da escrita, percebe-se... de certa forma, ela representa um analisador para as modificações das relações que se pode ter consigo. *Grosso modo*, se me permitem, quando falo desses *hypomnémata* que são prescritos, eu me refiro ao quê? Eu me refiro a esta noção tão importante em grego e na cultura grega, a noção de *gnóme*; *gnóme* que é, vocês sabem, uma fórmula, na maior parte do tempo breve, geralmente

14 Sinésio de Cirene [c. 370–414 d. C.] viveu após a morte de Santo Antão [c. 251–356 d. C.].

formulada por um poeta, uma fórmula que diz a verdade, uma verdade essencial e fundamental da qual não se deve esquecer e, então, que é, ao mesmo tempo, um conselho, um aviso, uma regra de vida. A *gnóme* é, de uma só vez, a verdade e a regra, a verdade e a norma.[15] E os *hypomnémata* no fundo são isso. Nos *hypomnémata*, uma das primeiras coisas que se escreve é tal ou qual aforismo, é este ou aquele *gnóme*, que geralmente se toma de um poeta – seja ele Píndaro, Hesíodo, pouco importa qual –, de que se toma nota e que se relê de tempos em tempos para gravar na cabeça. Encontrar-se-á bem mais tarde, em Marco Aurélio, um monte de vestígios de todas essas práticas. Mas então, se quiserem, o que me interessa é a passagem que vai dos *hypomnémata* como registro das regras de vida das quais é preciso se lembrar à progressiva descrição de si que se torna clara, não somente clara, mas obrigatória, em Santo Antão segundo Santo Atanásio, e que me parece ter como fio condutor a escrita dos sonhos. A escrita dos sonhos é como uma dobradiça, porque o sonho é, de uma só vez, algo de que se é acometido e que se é obrigado a contar, e que se conta para saber o que fazer ou quais medidas adotar, porque ele anuncia um acontecimento, isto é, um casamento, a morte de um parente, um naufrágio futuro etc. Daí se pode concluir o que é preciso fazer. Então a narrativa do sonho é a narrativa de si, descrição e diagnóstico do que é preciso fazer, prescrição.

A passagem da gnóme *à narrativa teria tido, então, para a escrita de si, consequências estéticas?*

Sim, agora, sobre o problema da estética, que era sua segunda questão – perdão, eu não te respondi e, bom, estou ainda mais envergonhado –, eu não tenho a impressão de alguma vez ter havido, antes, depois, bem mais tarde, a clara explicitação da necessidade de dar forma estética à narrativa de si. Vocês poderiam me dizer que, nas cartas de Sêneca, que são cartas, apesar de tudo, muito artificiais, surge, dessa forma, o problema de saber até que ponto elas eram realmente trocas efetivas com Lucílio, se não era, entre os dois, uma maneira de fazer uma obra

15 Ver supra, p. 116, nota 17.

de arte e, nessa medida, caberia ponderar que essas cartas descritivas de Sêneca, em particular aquela a que me refiro,[16] muito bela, que elas eram deliberadamente feitas para serem belas, mas como assim! Elas obedeciam a critérios estéticos evidentes. Porém o que é notável é que, em todas as teorias – em todas as teorias, [ou melhor,] em alguns elementos de teoria de literatura epistolar que se encontra na Antiguidade e, em particular, no famoso texto ao qual eu me referi, que é tardio, de Demétrio[17] –, vocês podem ver que a carta é sempre considerada como algo que deve constituir, que deve elevar-se ao nível mais elementar da retórica, em que se deve verdadeiramente abrir o coração, falar assim, sem floreios; mas também não completamente sem floreios... Há uma carta de Sêneca que é interessante, porque ela responde Lucílio dizendo: "Ah, você pede para eu embelezar a escrita, porque minhas cartas parecem muito simples, mas, enfim, uma carta é feita para ser simples".[18] Portanto, existe uma tensão entre o valor estético da carta e sua simplicidade. Mas, enfim, *grosso modo*, a carta é feita para ser simples, e eu não creio que uma estética da narrativa de si, uma estética voluntária, nunca tenha sido tema de reflexão na Antiguidade.

Fiquei intrigado pelo que você disse sobre a carta. Como se sabe, a escrita era criticada como sendo um instrumento péssimo, porque compromete a memória e porque, se se escreve, deixa-se de haver a

16 Sêneca, *Cartas a Lucílio*, op. cit., carta 55, pp. 187–90.

17 Demétrio, *Du style*, trad. fr. P. Chiron. Paris: Les Belles Lettres, 2002. A atribuição desse tratado a Demétrio de Faleros [350–282 a. C.] é objeto de dúvida, é provável que tenha sido composto bem mais tarde. Ver "L'écriture de soi", op. cit., pp. 1244–45 ["A escrita de si", p. 156].

18 Sêneca, *Cartas a Lucílio*, op. cit., carta 75, pp. 305–10: "Tens-te queixado de receberes cartas minhas escritas sem grandes pruridos de estilo. Mas quem é que escreve com pruridos se não aqueles cuja pretensão se limita a uma eloquência empolada? Se nós nos sentássemos a conversar, se discutíssemos passeando de um lado para o outro, o meu estilo seria coloquial e pouco elaborado; pois é assim mesmo que eu pretendo sejam as minhas cartas, que nada tenham de artificial, de fingido!". Para um comentário mais detalhado sobre essa carta, no contexto de uma análise foucaultiana sobre a *parresía* no centro da consciência antiga, ver HS, pp. 384–89 [pp. 360–65] e M. Foucault, "La Parrêsia". *Anabases*, n. 16, 2012, pp. 181–83.

necessidade de exercer a memória. Portanto, a carta, ela teria sido também desvalorizada?

Sim, mas, você sabe, essa desvalorização da escrita sob o pretexto de que perturbaria a memória é uma coisa que foi muito fugaz, muito precária, e, novamente, no *Fedro*, há uma passagem que diz claramente: pouco importa que o discurso seja escrito ou oral, o problema é saber se é um discurso verdadeiro.[19] Então eu creio que não se deva supervalorizar o problema da rejeição à escrita. Ela foi, sem dúvida, apenas uma destas reações epidérmicas, como estas que nos fazem atualmente recusar os computadores domésticos sob o pretexto de que destruiriam as belas relações familiares...[20] Crise epidérmica. Mais importante me parece a afirmação de Platão: escrito ou oral, um discurso deve ser verdadeiro. É isso que faz a verdadeira diferença.

Você faz uma distinção entre o cuidado de si e o conhecimento de si? Ou é a mesma coisa?

Não. É evidente que estão profundamente ligados, mas são muito distintos. E, de novo, eu creio que seja um fenômeno quase que do mesmo gênero daquele que eu tentava explicar quando evoquei esse longo deslizamento, essa torção, do princípio da *gnóme* até o princípio da descrição de si. Sobre o princípio do conhecimento de si, é necessário, em primeiro lugar, recordar que, desde o início, mesmo em Platão, mesmo em Xenofonte, quando empregava-se a formulação socrática, ele sempre esteve ligado a um outro princípio, que é o "ocupa-te de ti mesmo", *epímele heautoû*, "trabalhe em si mesmo". E os dois preceitos remetem um ao outro em relações que mereceriam ser analisadas, mas que são sempre complexas.[21] Em geral, a formulação é a seguinte (é esta, em todo caso, que encontramos no *Alcibíades*): é preciso ocupar-se de si, porque, sem se ocupar de si mesmo, não se pode exercer o papel que se

19 Platão, *Fedro*, op. cit., 276a–77a, pp. 195–201.

20 É provável que Foucault esteja aludindo à desmaterialização dos títulos de propriedade, algo que se deu, na França, no começo dos anos 1980.

21 Sobre essas relações complexas, ver HS, pp. 4–16, 442–44 [pp. 4–15, 414–15].

pretende desempenhar na sociedade, isto é, governá-la. É isso que Sócrates diz a Alcibíades. Ora, como fazer para se ocupar de si?, diz Alcibíades. Pois bem, diz Platão, é necessário, antes de tudo, saber o que é "ocupar-se"; em seguida, saber o que é esse "si mesmo". É dessa maneira que se saberá ocupar-se de si.[22] E é assim que ele introduz a necessidade de conhecer-se a si mesmo, como algo que está implicado no princípio mais geral e mais fundamental de ocupar-se de si.[23] Seria possível trazer outros textos que são diferentes e que acentuam mais o *gnôthi seautón* que o *epímele heautoû*; mas pouco importa, digamos que há essa conexão e que ela é constante em Platão.

Agora, se se toma o tema do "conhece-te a ti mesmo", o que é surpreendente nos textos socráticos, nos textos com referência socrática, isto é, os de Xenofonte e de Platão, é que esse conhecimento de si só toma forma na descoberta daquilo que é a própria alma, a *psyché*, enquanto princípio imaterial, imortal e puro. Ou seja, é o conhecimento do modo de ser da alma que constitui o elemento fundamental do *gnôthi seautón*. E esse conhecimento, o conhecimento ontológico de si enquanto alma, ele aparece, pelo menos em alguns textos e em particular no *Alcibíades*, sob a forma da contemplação, da contemplação da alma por si mesma, segundo a famosa metáfora do olho: como o olho pode ver a si mesmo? A resposta é aparentemente muito simples, mas, de fato, ela é muito complicada, porque o olho, para ver a si mesmo, Platão não diz: é suficiente que ele se enxergue no espelho; é necessário que ele se veja em outro olhar, ou seja, nele mesmo, mas nele mesmo sob a forma do olhar do outro e então na pupila do olhar do outro, ele verá a si mesmo, porque a pupila serve de espelho. E, da mesma maneira, a alma, contemplando-se a si própria em outra alma ou no elemento divino de outra alma que é como sua pupila, verá a si própria e se reconhecerá como elemento divino.[24]

---

22 Platão, *Alcibíades I*, op. cit., 127d–130e, pp. 133–43.

23 Ver HS, pp. 65–68 [pp. 62–64].

24 Platão, *Alcibíades I*, op. cit., 132d–133c, pp. 147–48. Ver HS, pp. 68–69 [pp. 64–66] e "Debate no Departamento de História", supra, p. 132, inclusive a nota 17.

Deixemos de lado, se me permitem, o problema da contemplação propriamente dita. Sabe-se, ainda assim, que essa ideia de que se deve conhecer a si mesmo, quer, em termos gerais, para adquirir o conhecimento ontológico do modo de ser da alma, quer se tratasse efetivamente de um ato preciso de visualização, é inteiramente independente do que se poderia chamar de um exercício de si sobre si. Não se deve se perguntar, quando se trata de discernir o modo de ser da própria alma, o que se fez, ou em que se pensou, qual é o movimento das próprias ideias, das próprias representações, a que tipo de coisa se anda apegado, na certa em coisas [sensíveis], visíveis, de algum modo positivas. Pois bem, o que é surpreendente é que, na cultura de si que se desenvolve a partir do século III e em particular sob a influência estoica... Eu digo "em particular sob a influência estoica", porque os epicuristas deixaram pouquíssimas coisas, salvo alguns elementos de Filodemo, mas nada em especial, sobre essas práticas de exame de si. Só sabemos que, nos grupos epicuristas,[25] tinha-se que examinar a si mesmo diariamente. E, em seguida, examinava-se uns aos outros, e parece que havia sessões coletivas em que se falava de si, em que os outros ajudavam a pessoa a se examinar. Mas, enfim, é através de textos fragmentados e um pouco enigmáticos de Filodemo que se sabe disso.[26] Por outro lado, a literatura estoica é muito mais rica. E aí vê-se que a necessidade de se conhecer a si mesmo é desenvolvida em um estilo bem diferente do que se encontra na literatura socrática de Xenofonte ou Platão. Em certo estoicismo, em particular no estoicismo tardio de Epicteto, vocês encontrarão referências muito explícitas e muito apoiadas em Sócrates, no *gnôthi seautón* etc. etc. Mas esse *gnôthi seautón* tem uma significação [diferente], e ele ganha corpo de uma maneira completamente diferente nos textos do estoicismo tardio. Em primeiro lugar, ganha a forma de exercícios absolutamente regulares e, em particular, do famoso exame de consciência vespertino, o exame

25 Foucault diz "pitagóricos", mas, considerando o contexto, trata-se, ao que parece, de uma prática de coletivos epicuristas reportada pelo relato de Filodemo (prática que é, de fato, de origem pitagórica).

26 Sobre Filodemo e a prática epicurista de exame/direção da consciência (ligada ao tema da *parresía*), ver HS, pp. 132, 370–74 [pp. 123, 347–51]; SS, p. 67 [pp. 67–68].

noturno, em que se deve repassar o dia e se lembrar do que se fez.[27] Esse é um tema que se encontra nos estoicos que é de origem pitagórica. Quanto a isso, todos os textos estão de acordo. Mas Platão, por mais influenciado e impressionado que seja pelo pitagorismo, não fala nunca em exame de consciência, nunca. Discernir sua alma, contemplá-la em seu ser mesmo, não passa pelo exercício que consiste em, à noite, antes de se deitar, perguntar-se: "O que eu posso ter feito de bom e o que posso ter feito de ruim?". Encontra-se um exercício como esse [nos estoicos]. Encontra-se também um exercício, desenvolvido por Epicteto, que é um tipo de exame de si ambulatorial que consiste em, quando se vai dar uma volta, prestar atenção nos diferentes objetos encontrados pelo caminho e perguntar-se se se tem apego por eles, se se sente independente ou não de desejá-los ou não.[28] Você encontra uma figura consular: fica impressionado com sua pompa ou fica com vontade de se tornar um cônsul? Você encontra uma bela jovem ou um bonito rapaz: você fica com vontade de ir para a cama com ele ou ela? Esse gênero de coisas. E Epicteto diz: é preciso fazer isso todas as manhãs. Você sai de casa e depois... Encontra-se também uma outra forma de exame de si em Marco Aurélio que é bem interessante. Marco Aurélio diz – e isso aqui é muito interessante, porque está ligado ao tema dos *hypomnémata* e parece estar em oposição a ele –, Marco Aurélio diz: que, de vez em quando, é preciso fechar todos os livros, não se lembrar de nada e então fazer uma *anachóresis eis heautón*, quer dizer, fazer uma anacorese em si mesmo, fazer um retiro para dentro de si mesmo. E, assim, tenta-se repassar quais são os princípios de conduta a que se ater e quais os princípios de conduta que são lembrados e que se percebe estarem sempre presentes, ativos, prestes a entrar em ação assim que necessário.[29] Essa reativação dos princípios de conduta,

---

27 Sobre a prática antiga do exame de si, ver GV, pp. 231–41 [pp. 214–24]; OHS, pp. 41–45; MFDV, pp. 91–97; HS, pp. 444–45, 460–65 [pp. 415–16, 432–37]; "L'écriture de soi", op. cit., pp. 1247–49 ["A escrita de si", pp. 159–62]; "Les techniques de soi", op. cit., pp. 1615–18 ["As técnicas de si", pp. 279–81]; SS, pp. 65–66, 77–79 [pp. 65–66, 78–80].

28 Epicteto, *Entretiens*, op. cit., III, 3, 14–19, p. 18. Ver supra, p. 113, nota 11.

29 Marco Aurélio, *Meditações* [séc. II d. C.], trad. Aldo Dinucci. São Paulo: Penguin-Companhia das Letras, 2024, IV, 3, p. 58. Ver HS, p. 50 [pp. 47–48]; "L'herméneutique du sujet", op. cit., pp. 1180–81 ["A hermenêutica do sujeito", p. 187].

nessa espécie de livro virtual que a pessoa é para si mesma, onde estão inscritas, na memória, as regras principais de comportamento, constitui uma outra forma de exame de si.

Agora, se eu insisto nisso, é por dois motivos. Em primeiro lugar, não se encontra nada disso na tradição propriamente socrático-platônica. O neoplatonismo estará muito mais interessado pelos problemas de purificação, e não tanto pelos problemas do exame. Em segundo lugar, vê-se que esses exames de si são diferentes daqueles que iremos encontrar, por outro lado, no cristianismo, porque, no cristianismo, o problema consistirá em saber, ao examinar a si mesmo, se acaso ainda não se conserva este ou aquele traço de impureza, de concupiscência, este ou aquele fragmento da carne que induz ao [pecado]. E, no exame de si de que fala a literatura estoica, trata-se de saber essencialmente se dispomos de um repertório de regras de conduta necessários para a vida cotidiana. Se relembramos como foi o dia é [para], de uma só vez, saber onde cometemos erros e, ao relembrar onde cometemos erros, reativar as regras de conduta que deveriam ter sido aplicadas e não foram [aplicadas]. Muito mais do que uma prática de memorização para a culpabilização de si mesmo, trata-se de servir-se da tolice, das *hamartémata*,[30] que se pôde cometer durante o dia para se lembrar das regras: é muito mais uma reatualização do código do que um aprofundamento da culpabilidade. Do mesmo jeito, os exercícios que consistem no exame de si mesmo durante uma caminhada, para saber se se está apegado a isto ou àquilo, não consistem em descobrir algum desejo profundo ou oculto, mas em saber até que ponto se é livre em relação a tudo o que pode nos afetar; é uma prova da liberdade atual, uma prova da maestria de si e não a descoberta de uma culpa secreta.[31] Portanto, vocês veem que é todo um outro estilo

30 *Hamartémata*: erros, falhas.

31 Nas "Conferências Howison" proferidas em Berkeley, ao analisar o início de *Sobre a tranquilidade da alma* de Sêneca e ao explicar o sentido do "*verum fateri*" de Sereno, Foucault afirma analogamente que "trata-se de indicar, com a exatidão que for possível, ao que ele ainda está apegado e ao que não está, de que coisas externas é livre e de quais depende". Sua "confissão" não consiste, portanto, em "trazer segredos das profundezas à superfície": "trata-se, em vez disso, dos laços que o prendem às coisas sobre as quais ele não possui maestria. É uma espécie

de relação consigo, que me parece, de uma só vez, diferenciar-se bastante da contemplação platônica e do que será o exame de consciência cristão.

Qual é o lugar das técnicas de si antigas na renovação da cultura de si do século XVI?

Quanto a isso, eu não me permito sugerir uma hipótese. Não sei se existem estudos específicos e, ao mesmo tempo, sintéticos sobre essas práticas de exame de si no século XVI. Para mim, parece, assim, de uma forma um tanto intuitiva, que, de um lado, na crise religiosa, na grande rejeição, que é evidente desde o fim do século XV, às práticas da pastoral cristã, como a confissão, [o] padre, [o] exercício da autoridade institucional sobre as pessoas, nessa rejeição, uma forma de relação consigo, investigações sobre um novo modelo de relações consigo são desenvolvidas. Em segundo lugar, parece-me que, nessa investigação, a reativação de certo número de temas e práticas antigas e estoicas é [perfeitamente visível]. Parece-me até que a noção de ensaio em Montaigne, de ensaio em sentido estrito, ou seja, de prova – provar-se a si mesmo até onde é possível ir, ver até que ponto dá etc. –, essa noção, em certo sentido, de prova de si me parece ser muito próxima da temática que se encontra obviamente nos estoicos, para os quais o exame de si não é feito para descobrir uma forma oculta no fundo de si mesmo, uma verdade escondida no fundo de si mesmo, para tentar provar o que se sabe e o que não se sabe, o que se pode e o que não se pode, a liberdade de que se dispõe e o vício, os vícios aos quais ainda se está apegado.[32] A prova de si e a decifração de si me parecem bastante evidentes em Montaigne, mas talvez eu esteja enganado.

---

de inventário da liberdade no interior de um código de ações. Não é uma enumeração de erros passados, mas de estados de dependência". Ver OHS, p. 48, nota a.

32 Nas conferências sobre *L'origine de l'herméneutique de soi* [A origem da hermenêutica de si], ao analisar o exame noturno descrito por Sêneca no terceiro livro de *Sobre a ira*, mas sem deixar de situá-lo junto a outras práticas estoicas (a leitura contínua dos manuais de preceitos, a *praemeditatio malorum*, a enumeração matinal das tarefas do dia etc.), Foucault argumenta que "nesses exercícios, o si não é um campo de dados subjetivos a serem interpretados" (como no cristianismo): "ele é submetido à prova de uma ação possível ou real". Ver OHS, p. 45.

Acaso seria possível ver nos Exercícios espirituais *de Loyola, de certa forma, o avesso do renascimento dessas antigas práticas de si?*

Sim, eles são ao mesmo tempo o reverso e depois... Porque o que é muito surpreendente nos *Exercícios* de Loyola,[33] em todos esses exercícios espirituais, não é tanto a obrigação imposta aos indivíduos de que dediquem atenção a si mesmos para decifrar uma verdade secreta, mas [o fato] de lhes propor uma espécie de instrumento permanente, de moldura permanente, para que de uma ponta a outra do curso do dia eles estejam ocupados, estejam em atividade em relação a si mesmos, em relação a terceiros, em relação aos outros. Eu sei bem que há momentos em Loyola em que é preciso voltar-se para si mesmo, detectar etc. etc., mas são só casos isolados, momentos. [N]essa grande mobilização da vida, que é tão notória em todos esses exercícios espirituais a partir de Loyola e depois dele, o que surpreende é, ao contrário, o fato de que, a cada minuto, é preciso fazer alguma coisa, é preciso dirigir o pensamento de tal ou qual forma, é preciso assegurar a própria independência, ou melhor, assegurar a dependência relativamente a Deus. Assim, seria possível... isso seria talvez um pouco arbitrário, porque é provável que os textos não se correspondam diretamente entre si, mas eu me lembro de ter encontrado, em um texto do século XVII – que não era um texto jesuíta, era um texto, penso eu, para os seminários franceses, mas, enfim, pouco importa –, uma fórmula de caminhada que talvez lembre aquela de Epicteto e em que o indivíduo, o jovem seminarista, quando saía para passear, cada vez que ele via alguma coisa, fazia um exercício tal que identificava sob qual aspecto aquela coisa lhe provava sua dependência de Deus, que lhe permitia agir com gratidão pela bondade divina, que lhe permitia decifrar a presença da providência divina. E, então, os dois textos – mais uma vez, é provável que eles não se correspondam entre si, porque o *Manual* de Epicteto é bem conhecido, pouco se sabe a respeito das *Diatribes* e não há tantos motivos para esse texto... Mas, de fato, eles se correspondem na medida em que, em um dos casos, em Epicteto, tem-se a

---

33 Santo Inácio de Loyola, *Exercícios espirituais*, trad. Vital Cordeiro Dias Pereira. S. J. Lisboa: Livraria Apostolado da Imprensa, 1999.

caminhada em que o indivíduo, a propósito de cada coisa que ele vê, assegura-se de sua própria soberania sobre si mesmo e mostra que ele não depende de nada e, no outro caso, pelo contrário, o seminarista está passeando e, diante de cada coisa que vê, diz: "Ah, como a bondade de Deus é grande, foi Ele que fez isso, Ele que tem todas as coisas sob seu poder, e a mim em particular, que renuncio à minha própria vontade para aceitar a vontade de Deus". Dois exercícios de meditação ambulatorial.

É como se fosse um terço...

Sim, é isso, definitivamente. Mas, enfim, parece-me que toda a literatura de si mesmo propriamente dita, narrativas íntimas, diários de si etc., não pode ser compreendida se não for situada dentro do quadro muito geral e muito rico dessas práticas de si que já têm mais de dois mil anos. Há dois milênios e meio, as pessoas escrevem sobre si mesmas, e não o fazem da mesma forma. Essa é, apesar de tudo, uma coisa de extrema importância na nossa cultura. Então, vê-se realmente que o fato de escrever e o fato de se relacionar consigo são duas coisas extremamente diferentes. E eu tenho a impressão, mas talvez esteja enganado, de que há certa tendência de se apresentar como um fenômeno próprio da modernidade europeia a relação entre a escrita e o cotidiano. Ora, eu diria que isso não é exclusivo da modernidade, esse foi um dos primeiros usos da escrita.

Seria possível escapar dessa engrenagem da escrita de si?

Eu penso que ocupar-se de si é uma coisa que é, eu não ousaria dizer uma "invariante" cultura, porque tudo é variação nisso tudo. Os historiadores deram sempre muita importância, por exemplo, às técnicas, digamos, objetivas pelas quais o indivíduo se relaciona com os objetos, com as coisas que ele fabrica etc. Também se estudou muito – mesmo que, creio eu, não o suficiente – o que se poderia denominar uma tecnologia dos outros, isto é, o modo como os outros são geridos, através das instituições, da política, através de regras diversas, das coerções disciplinares etc. E, depois, existe também o problema da técnica de si. E, essas técnicas de si, eu presumo que se possa encontrá-las em todas as nossas culturas, só que sob formas extremamente diversas. E, tal como é preciso estudar e comparar e diferenciar as técnicas de produção dos objetos entre uma civilização e outra, as técnicas de gestão dos homens e de direção dos homens e de governo, existe também o problema das técnicas de si.[34] E as técnicas de si se transformam. Agora, é evidente que o que torna frequentemente difícil a análise das técnicas de si são duas coisas. Primeiro, é que as técnicas de si não carecem evidentemente do mesmo conjunto material que a produção de objetos, portanto são técnicas invisíveis. Segundo, elas estão, em geral, muito ligadas às técnicas de direção dos outros. Por exemplo, ao tomar uma instituição educacional, na educação, [em um primeiro momento] gerem-se os outros, em seguida eles são ensinados a gerirem a si próprios. E, portanto, tem-se uma técnica de si que me parece estar completamente ligada a uma técnica dos outros. Logo, por esses dois motivos, é mais difícil analisá-las, elas são mais obscuras que as grandes técnicas visíveis e materiais – por exemplo o amor, a produção [de objetos]. Mas, enfim, apesar de tudo, elas são [visíveis], quer sejam sistemas religiosos, pararreligiosos ou assimilados a sistemas religiosos, como o budismo (o budismo é, apesar de tudo, essencialmente uma técnica de si, muito mais do que uma religião ou uma moral propriamente dita).[35] Penso que, em qualquer sociedade dita primitiva, também se encontrarão elementos de técnicas de si.

---

34 Para um raciocínio análogo, em que, no entanto, ao lado das técnicas de produção, de poder e de si, Foucault fala em técnicas de significação, ver OHS, pp. 37–38; "Séxualité et solitude", op. cit., pp. 989–90 ["Sexualidade e solidão", p. 95]; "Les techniques de soi", op. cit., p. 1604 ["As técnicas de si", p. 266].

35 Em 1978, em entrevista realizada no Japão (antes de criar o conceito de "técnicas de si"), Foucault afirma que "as regras da espiritualidade budista devem tender à desindividualização, a uma dessubjetivação, a fazer passar a individualidade aos seus limites visando a uma libertação no que diz respeito ao sujeito". Ver "La scène de la philosophie" [1978], in DE II, n. 234, p. 593 ["A cena da filosofia", pp. 244–45]. Ver também "Michel Foucault et le zen" [1978], in DE II, n. 236, p. 621 ["Michel Foucault e o zen: Uma estada em um templo zen", p. 82].

Você considera que a sociedade antiga era uma sociedade baseada na desonra, que a desonra exercia um papel fundamental?[36]

Penso que não. E eu vi, com prazer, um livro muito bom de MacMullen sobre as *Roman Social Relations*,[37] em que ele retoma isso, sociedade da desonra ou sociedade da culpabilidade. E MacMullen responde claramente dizendo: "Civilização da vergonha? Eu não vejo bem isso. Vejo antes, nos romanos, uma civilização da glória, uma *pride society*, em vez de uma *guilt society*". Ele destaca a importância do status, do vestuário, da maneira de andar. Essa regulação do movimento, da atitude física, que também é incrivelmente importante entre os romanos, que é uma técnica de si, mas imediatamente dirigida aos outros, já que se trata de assegurar seu status, sua presença e, consequentemente, sua influência sobre os outros, não assinala exatamente uma *shame society*, mas uma *pride society*.

As técnicas antigas da cultura de si parecem ter sido completamente sobrepostas pelo cristianismo e pela filosofia ocidental, para os quais se trata agora não mais de cultivar um si, mas de constituir um eu [moi]. *Você por acaso identifica, nas épocas seguintes, traços de algo que se aproximaria da ideia antiga de uma relação consigo, traços de uma cultura de si?*

É uma boa questão. Em primeiro lugar, eu não creio que essa cultura de si tenha sido sobreposta ou desaparecido. Encontram-se

---

36 A pergunta faz referência à distinção de Ruth Benedict entre culturas da vergonha (*shame cultures*) e da culpa (*guilt cultures*). Essa distinção é reproduzida por Eric R. Dodds em *Os gregos e o irracional*, na análise por ele feita da evolução do mundo grego da época homérica até a clássica. Ver E. R. Dodds, *Os gregos e o irracional* [1951], trad. Paulo Domenech Oneto. São Paulo: Escuta, 2002, p. 26 e o cap. 2, "Da cultura da vergonha à cultura da culpa", pp. 35–70.

37 R. MacMullen, *Roman Social Relations, 50 BC to AD 284* [1974]. New Haven: Yale University Press, 1981; id., *Les rapports entre les classes sociales dans l'Empire romain, 50 av. J.-C. – 284 ap. J-C.* Paris: Seuil, 1986. Na verdade, a posição de MacMullen é um pouco mais nuançada (ver a p. 109, em que ele diz, sobre a sociedade romana do tempo imperial, que "evidentemente, o que os antropólogos chamam de 'sociedade da vergonha' eram 'sociedades do orgulho').

muitos elementos que foram simplesmente integrados, deslocados, reutilizados no cristianismo. E vários elementos do chamado ascetismo cristão vêm dessa cultura de si. Em segundo lugar, é verdade que, a partir do momento em que a cultura de si foi retomada no interior do cristianismo, ela, de certa forma, passou a ser abarcada pelo exercício de um poder pastoral, na medida em que o *epiméleia heautoû* transformou-se essencialmente em *epiméleia tôn állon*, o cuidado com os outros que o pastor deve ter. E, na medida em que a salvação de cada um passa, pelo menos em parte, pela instituição pastoral, que deve ter o cuidado das almas como objetivo, nesse momento específico, eu penso que a cultura de si perdeu grande parte de sua autonomia. Isso não significa que ela desapareceu. Ela foi integrada e perdeu parte de sua autonomia.

O que é interessante é ver que, no Renascimento, contra os efeitos de poder dessas instituições pastorais, nota-se toda uma série de grupos religiosos, cuja existência por sinal remonta à Idade Média, que resistem a esse poder pastoral e que reivindicam fazer por si mesmos sua própria salvação, seja o caso do indivíduo que vai realizar por si só sua salvação, seja o grupo que irá fazê-lo independentemente da instituição eclesiástica e da pastoral eclesiástica.[38] Assim, renascimento, até certo ponto, não de uma cultura de si, que não desapareceu, mas renascimento de sua autonomia, enfim, reaparição de formas mais autônomas. No Renascimento, também se encontra... aqui eu me remeto ao texto de Burckhardt,[39] que talvez seria preciso reler um pouco nessa perspectiva, o capítulo conhecido, famoso etc., sobre a estética da existência: o herói como sendo sua própria obra de arte. E aí, a ideia de que a vida, sua própria vida, a ideia de que se deve fazer da vida uma obra de arte é uma ideia que, sem dúvida, era muito estranha na Idade Média, mas que reaparece nesse momento. Portanto, se me permitem, eu creio que a história é bastante complexa. No dandismo do século XIX, tem-se claramente também uma espécie de...

38 Ver supra, p. 39, nota 7.

39 J. Burckhardt, *A cultura do Renascimento na Itália* [1860], trad. Sergio Tellaroli. São Paulo: Companhia das Letras, 2009. Ver UP, p. 17 [pp. 16–17].

Eu me perguntava se você iria falar de Nietzsche.

Não, porque, se vocês insistem, eu acredito que ele – desculpe a familiaridade da expressão –, eu acredito que ele esteja redondamente enganado a respeito do ascetismo, precisamente, e do ascetismo cristão; e acredito que, se vocês insistem, a ideia de uma genealogia nietzscheana pode e deve ser mantida para se fazer uma análise desse gênero, por outro lado, tudo o que ele pôde dizer sobre o ascetismo, sobre o ascetismo cristão etc. parece inadequado comparado [ao que sabemos sobre a moral pagã]. E não acho que pudéssemos, de uma maneira ou de outra, reinterpretar, reler Nietzsche como um reaparição ou uma reativação do tema da cultura de si. Mas talvez eu esteja enganado. Seria necessário reexaminar...

Sabem, tudo [isso] eu pensei quando fui obrigado a olhar um pouco para esses textos antigos e queria fazer a genealogia das proibições sexuais nas nossas sociedades, a partir do que me dei conta de que não era de forma alguma um problema de código, isto é, um problema de interdição-proibição, de que o verdadeiro problema da história da moral era a história dessas práticas de si. O que me era proibido, era sempre a mesma coisa. E nós somos sociedades que inventaram muito pouco em termos de interdição, que inventaram tão pouco na ordem da interdição quanto na ordem do desejo, e Deus sabe o pouco que se inventou na ordem do desejo. Na ordem da interdição dos prazeres, inventou-se igualmente pouquíssima coisa. É sempre a mesma coisa que é proibida. Então não é isso o interessante. Ao invés disso, o que é interessante na história da moral é essa tecnologia de si que nunca deixou de se transformar, de enriquecer, de se aprimorar, de se envolver em formas [novas].[40] Pois bem, eu fui levado a olhar para essas coisas. No período antigo, evidentemente, isso salta

40 Para a distinção, no interior da "moral" no sentido amplo, entre "códigos" e as "formas de subjetivação moral e das práticas de si destinadas a assegurá-la", ver UP, p. 36 [pp. 37–38]. Ver também SV, pp. 232–33 [pp. 206–07], em que Foucault opõe "o arcabouço codificador que [determina] o que é permitido e proibido" e o "discurso de acompanhamento que cerca essa codificação", que não é apenas sua "roupagem" teórica, pois é graças a ele que se torna possível apreender "o tipo de relação que pode haver entre a subjetividade e a codificação das condutas".

aos olhos, porque é um dos períodos da história em que a técnica de si é verdadeiramente desenvolvida por si mesma e em que a filosofia se apresenta como sendo uma técnica de si. A ideia de uma filosofia como sistema geral do mundo ou como fundamento da ciência é extremamente estrangeira, ou aparece, em todo caso, com relativa raridade na filosofia antiga, ainda que haja nela grandes caracterizações, importantes, a que nos apegamos atualmente. Digamos que, no seu desdobramento cotidiano, no dia a dia, a filosofia antiga era uma prática de si. E, se havia a necessidade de saber o que era a órbita dos astros ou se existiam átomos ou não, isso era para poder meditar sobre si mesmo, isso era a título de exercício.[41] Então, durante esse período, tinha-se verdadeiramente uma cultura de si que se desenvolveu por si mesma, com sua autonomia, suas instituições, com seus professores, professores de si. Havia pessoas que se podia consultar, às quais se demandava como era preciso se conduzir, o que era bom, o que não era bom etc. Era uma Idade de Ouro.

> ***Fiquei entusiasmada com a ruptura entre Montaigne, em quem as técnicas de si estão presentes, e a mise en abyme ou mesmo a***

---

41 Sobre o conhecimento do mundo e da natureza como exercício de si, ver HS, pp. 232–33, 248–97 [pp. 216–17, 231–78]. Ver também Pierre Hadot, "A física como exercício espiritual ou pessimismo e otimismo em Marco Aurélio", in *Exercícios espirituais e filosofia antiga*, trad. Flavio Fontenelle Loque e Loraine Oliveira. São Paulo: É Realizações, 2014, pp. 131–48. Em uma discussão ocorrida em Berkeley na primavera de 1983, Foucault afirma o seguinte: "É preciso, penso eu, modular um pouco o que dizemos sobre a relação com o cosmos no estoicismo e, de maneira geral, na filosofia antiga, pois é um tema curiosamente recorrente, está em toda a filosofia antiga desde Sócrates até Epicteto, isso de que não precisamos saber tudo quanto é coisa inútil sobre astronomia, ou sobre plantas que nem medicinais são, ou sobre o que se passa lá no fundo do mar... e isso é algo que encontramos repetidas vezes, e é certo que Platão e Aristóteles são exceções relativamente a isso tudo: eles não são, de forma alguma, representantes típicos do pensamento antigo, eles são monstruosidades em relação a esse pensamento, que tem como tema recorrente a afirmação de que devemos lidar apenas com o que é imediatamente útil para a nossa existência. É em Sócrates e, pelo menos, em todo o estoicismo tardio, em Epicteto, em Epicuro também, que encontramos essa relação com o cosmos muto presente, muito marcada pela relação consigo". Ver *Discussion with Michel Foucault*, D 250(8), op. cit., p. 13.

subversão dessas técnicas em Descartes. Como a elaboração do sujeito pode interromper, subverter ou mesmo reverter essas técnicas do eu [moi]*?*

O que acontece nesse caso é muito interessante. Comecemos pelo básico, digamos que Montaigne, Pascal e Descartes poderiam ser relidos em suas relações recíprocas em função justo desse questionamento; que Pascal, ele também, deve ser visto não simplesmente como um crítico de Montaigne, mas como alguém que pertence a uma tradição, ou que se inseriu voluntariamente em uma tradição, na qual as práticas de si e as práticas de ascetismo são completamente diferentes das práticas de si de Montaigne. Em segundo lugar, não se pode esquecer que Descartes escreve *Meditações* – e as meditações são uma prática de si –, e que, o extraordinário do texto de Descartes, eu creio que isso é precisamente essa torção de que você fala e que fez com que, ao tomar declaradamente o modelo de uma abordagem de meditação, a abordagem inaciana de exercício que se faz diariamente e várias vezes ao dia, ao fazer isso, [Descartes] chegou ao ponto de substituir o sujeito constituído pela prática de si por um sujeito fundador de uma prática de conhecimento. Agora, a passagem de um sujeito como produto de uma prática de si para um sujeito fundador de uma prática de conhecimento, isso foi um "golpe cartesiano",[42] mas, de novo, como Montaigne e como Pascal, contra o pano de fundo dos grandes conflitos em torno das tecnologias de si, que foram conflitos culturais extremamente importantes nos séculos XVI e XVII.

Agora, sobre o golpe, eu penso que o que aconteceu naquele momento foi algo fundamental e que, *grosso modo*, é o seguinte. No fundo, desde a filosofia grega, e mesmo se é verdade que a filosofia grega fundou a racionalidade científica moderna, tinha-se sempre a ideia de que o sujeito não podia ter acesso à verdade se ele não realizasse, primeiramente, sobre si mesmo certo trabalho que o tornaria suscetível de conhecer a verdade – trabalho de purificação, conversão da alma na relação consigo mesma, contemplação da

42 Sobre o "momento cartesiano" como o momento, na história da verdade, a partir do qual "o que permite aceder ao verdadeiro é o conhecimento e somente ele", ver HS, pp. 15–16, 19–20 [pp. 14–15, 17–19].

alma por ela mesma, [que são] exercícios platônicos. Existe, por outro lado, o tema do exercício estoico, por meio do qual o sujeito garante inicialmente sua autonomia e sua independência, e ele a garante dentro de uma relação muito complexa com o conhecimento do mundo, pois é o conhecimento do mundo que lhe permite garantir sua independência, é a partir do momento em que ele garantiu sua independência que pode compreender a ordem do mundo enquanto tal. Em toda a cultura europeia até o século XVI, parece-me que se encontra o seguinte: "Qual trabalho devo realizar sobre mim mesmo para que eu seja capaz e digno de chegar à verdade e ela me seja dada? Qual purificação, qual exercício, qual ascese?". Dito de outra forma, a verdade não me é dada sem um preço; é preciso sempre pagar um preço pelo acesso à verdade. Em outras palavras, se vocês insistem, não existe acesso à verdade sem ascese;[43] o ascetismo e o conhecimento da verdade estão sempre mais ou menos obscuramente ligados. E é por isso que, dentro dessa perspectiva, o saber alquímico, que inclui, de uma só vez, o trabalho sobre si e um conhecimento da verdade e em que ambos estão tão ligados que são quase indissociáveis, pode fazer parte normalmente do saber obtido.[44] O "golpe cartesiano", de fato, isso já tinha começado antes, seria preciso fazer a genealogia desse tema no século XVI – porém Descartes, creio eu, fez o balanço de tudo isso quando diz: "Mas, para ter acesso à verdade, é suficiente que eu seja um sujeito comum, que vê evidentemente o que vê". E, então, a evidência substituiu a ascese como ponto de junção da relação consigo e da relação com a verdade. Não é mais necessário

43 Na aula inaugural de seu curso, no Collège de France, A Hermenêutica do Sujeito, Foucault oferece uma distinção entre a "filosofia" ("forma de pensamento que tenta determinar as condições e os limites do acesso do sujeito à verdade") e a "espiritualidade", entendida como "a busca, a prática, a experiência por meio das quais o sujeito opera sobre si mesmo as transformações necessárias para ter acesso à verdade", como o conjunto de purificações, asceses, renúncias, conversões do olhar que constituem para o sujeito "o preço a pagar para ter acesso à verdade". E Foucault defende, ainda, que, por toda a Antiguidade, a questão filosófica e a prática da espiritualidade "jamais estiveram separadas". Ver HS, pp. 16–19 [pp. 15–17; trad. modif.].

44 Sobre o conhecimento alquímico e sua complexa relação com o pensamento "científico", ver PP, pp. 240–41 [pp. 308–09]; "La maison de fous" [1975], n. 146, pp. 1562–63 ["A casa dos loucos", p. 193]; HS, p. 28 [p. 26].

que a relação consigo seja ascética para transformar-se em uma relação com a verdade: é suficiente que a relação consigo me revele a verdade evidente do que vejo para que eu a apreenda, para que eu a apreenda definitivamente e, nesse momento, eu posso ser imoral e conhecer a verdade.[45] Ora, *grosso modo*, eu creio que essa era uma ideia que, mais ou menos explicitamente, era rejeitada por toda a cultura grega. Não se pode verdadeiramente ser impuro, ser imoral, e conhecer a verdade. Com Descartes, é suficiente ver a evidência. E, nesse momento, tem-se um sujeito do conhecimento não ascético, que vai permitir a institucionalização da ciência e que vai permitir a pessoas inteiramente imorais se tornarem *chairman* de um departamento científico, o que não teria sido possível de outro modo... Platão não poderia ser imoral. Eu estou esquematizando imensamente uma história que é muito extensa, mas que, creio eu, é bem fundamental.

E, nesse momento, tem-se o sujeito de conhecimento, o sujeito único do conhecimento, que irá, então, colocar a Kant – e aqui eu respondo a sua questão – o problema: ora, o que vai ser do sujeito moral face ao sujeito de conhecimento? Seria ele completamente diferente ou não? Hesitação que durou todo o século XVIII. E a solução de Kant foi ter encontrado o sujeito universal que, enquanto universal, pode ser sujeito de conhecimento, mas que, ainda assim, demanda uma atitude moral e que é precisamente esse tipo de relação consigo que Kant propõe na *Crítica da razão prática*, isto é: é preciso que eu me reconheça como sujeito universal, isto é, é preciso que, em cada uma das minhas ações, eu me constitua para mim mesmo como sujeito universal de uma regra universal.[46]

---

45 Ver supra, p. 170, nota 42.

46 Em HS, depois de falar sobre Descartes e a constituição de um sujeito que, "como tal, tornou-se capaz de verdade", Foucault argumenta que podemos encontrar, em Kant, "a virada suplementar", mas refere-se, neste caso, à *Crítica da razão pura*: "o que não somos capazes de conhecer é constitutivo, precisamente, da própria estrutura do sujeito cognoscente, fazendo com que não o possamos conhecer. Consequentemente, a ideia de uma certa transformação espiritual do sujeito que lhe daria finalmente acesso a alguma coisa à qual não pode aceder no momento é quimérica e paradoxal. Assim, a liquidação do que poderíamos chamar de condição de espiritualidade para o acesso à verdade, faz-se com Descartes e com Kant; Kant e Descartes me parecem ser os dois grandes momentos".

E, nesse momento, se não se resolve o problema do sujeito moral, pelo menos se propõe uma solução que permite, de uma só vez, situá-lo em um lugar diferente da posição do sujeito de conhecimento – sujeito moral e sujeito de conhecimento não estão mais diretamente ligados –, mas a solução é bastante ambígua: a evidência, já que não importa qual é o sujeito capaz de conhecer; a ação moral, a ação cuja regra é universal. A evidência cartesiana e a universalidade kantiana da ação moral parecem responder, em dois momentos, a esse problema que tinha sido posto no século XVI pela grande crise da cultura de si.

O que permite a passagem do si ao sujeito?

A prática de si, o que eu chamo de prática de si é a maneira como o indivíduo, em sua relação consigo, constitui-se a si mesmo. Como é que posso me constituir como sujeito moral, reconhecer-me como sujeito moral? Para que eu me torne o sujeito moral de minha ação, o que devo fazer de mim mesmo? São necessários exercícios ascéticos ou é suficiente essa relação kantiana que faz com que eu me descubra como sujeito de uma ação cuja regra deve ser universal? Pronto, é isso. Nós nos constituímos enquanto sujeitos na relação com nós mesmos, o sujeito não é dado. É a relação consigo que constitui [a subjetividade].[47] Em outras palavras, se vocês insistem, o que está por trás do meu discurso é o seguinte: é insuficiente dizer

---

Ver HS, p. 183 [pp. 171–72]. Durante a conversa em Berkeley, na primavera de 1983, Foucault explica que seu problema é o de ver como, "por meio das formas de relação consigo sugeridas, propostas, programadas pelas técnicas de si, levamos os indivíduos à sua constituição, a reconhecerem-se e agirem como sujeitos morais", e que, "quando Kant define o sujeito moral como universal, ele só oferece, basicamente, uma das fórmulas possíveis dessa organização, dessa constituição do sujeito moral". E Foucault ainda especifica que, "para um estoico ou, digamos assim, para qualquer outro nos dois primeiros séculos de nossa era, constituir-se como sujeito moral, ser um sujeito moral era ser independente em sentido absoluto, ser mestre de si. E era a partir do momento em que alguém assim exercia uma soberania total sobre si que, exatamente por ter feito isso, tornava-se sujeito moral – uma fórmula bem próxima e, ainda assim, inteiramente diferente da fórmula kantiana da universalidade". Ver *Discussion with Michel Foucault*, op. cit., D 250(8), pp. 10–11.

47 Ver "Debate no Departamento de Filosofia", supra, p. 114, inclusive a nota 15.

que o sujeito se constitui em um sistema simbólico; o sujeito se constitui em práticas reais, em práticas historicamente analisáveis. E há uma tecnologia de constituição de sujeitos que atravessa, ao utilizá-los, os sistemas simbólicos. Mas não é simplesmente pelo jogo dos sistemas simbólicos que o sujeito se constitui. É essa, por assim dizer, a polêmica [em questão].

> *Existe, de Platão a Abelardo, toda uma tradição que transforma o castrado no filósofo perfeito. Abelardo se questiona se, porque era castrado, ele é tão perfeito quanto Orígenes, que também era castrado.*

Você tem razão, eu não tinha pensado a respeito disso. O problema da castração foi muito importante durante todo o início do ascetismo cristão: por que não fazer a castração, se é efetivamente a purificação do corpo e da alma que dá acesso à vida eterna? A resposta, em geral, é bem neste estilo aqui: mas, desde o momento em que não se tem mais que se purificar nem manter um combate perpétuo com o próprio desejo, não é mais uma verdadeira pureza. E, então, existe toda uma literatura muito divertida, que eu adoro, sobre os desejos impuros dos castrados. Porque, se o corpo dos castrados não é mais capaz de impureza, sua alma, por outro lado, é tão sombria que...

Mais alguma questão? Olha, por um lado, eu agradeço muito a atenção e as questões, que foram realmente muito interessantes. A única coisa que posso dizer é que me desculpem: eu não apresentei sequer um projeto aqui, [no máximo] um rascunho ou [coisa] do tipo. Parece-me que existe todo um campo de trabalho que seria interessante estudar nos confins de uma história política ou de uma história do conhecimento etc. Eu comecei a olhar para essas coisas um pouco na Antiguidade, mas tenho certeza de que nos períodos que mais nos interessam, a Idade Média, o Renascimento, os séculos XVII e XVIII... Ah, só mais uma coisa, tem uma coisa que eu me interessaria em fazer que é estudar os movimentos revolucionários como movimentos ascéticos e práticas de si.[48] E, sim, a revolução

48 Na segunda metade da aula de 29 de fevereiro de 1984, no seu curso, no Collège de France, A Coragem da Verdade, Foucault analisa brevemente os

no século XIX é como a verdade até o século XVI, não se pode realizá-la sem antes estar moralmente puro, sem ter renunciado a certo número de coisas. O ascetismo revolucionário foi algo de extrema importância e cujas consequências mais sinistras emergem até os nossos dias.

Você está querendo nos dizer que a revolução supõe a pureza moral?

Exatamente. Existe um livro bem antigo, que você encontra na biblioteca daqui, que foi escrito em um estilo inimaginável, enfim, o estilo acadêmico do século XIX – que conseguia ser pior que o nosso? Na verdade, não dá para saber... O moralista é o Martha,[49] e ele faz [nesse livro] aproximações interessantes com os movimentos de moralização. E, em particular, no que concerne ao exame de consciência, ele aproxima o que se passava em Roma, no início do Império, e o que ocorreu na Revolução Francesa, na qual a referência à Roma, como vocês devem saber, não era simplesmente um efeito de estilo, porque havia, de fato, uma tentativa de reconstituir, de um jeito mais ou menos artificial, um tipo de cultura de si e de repensá-la em termos revolucionários. Quanto a mim, eu penso sobretudo nos movimentos revolucionários que se desenvolveram a partir de 1830 na Europa, em particular nos niilistas, o movimento niilista é que é muito interessante – um movimento ascético, ascético e estético.[50] Renúncia de si e vio-

---

movimentos revolucionários da Europa dos séculos XIX e XX, enquanto "um outro suporte do que foi o modo de vida cínico, entendido o cinismo como forma de vida no escândalo da verdade". A revolução, ele diz, "não foi simplesmente um projeto político, foi também uma forma de vida". Nesse contexto, Foucault sugere que chamemos de "militantismo" a "maneira como foi definida, caracterizada, organizada, regrada a vida como atividade revolucionária", e que assumiu três grandes formas: a sociedade secreta, a organização sindical ou partido político, e o "militantismo como testemunho pela vida". Ver CV, pp. 169–72 [pp. 160–62].

49 Constant Martha, *Les moralistes sous l'Empire romain, philosophes et poètes*. Paris: Hachette, 1865.

50 No curso A Coragem da Verdade, ao falar do "militantismo como testemunho pela vida, na forma de um estilo de existência", como um dos elementos que poderiam transmitir, à história europeia, o tema cínico da vida alternativa como vida verdadeira, Foucault também evoca Dostoiévski e o niilismo russo. Ver CV, p. 170 [pp. 161–62].

lências contra os outros, tudo isso aconteceu e é interessante, e eu creio que se pode fazer uma história da revolução, sem dúvida, como uma história dos movimentos políticos, mas também como uma história da moral considerada como prática de si, como um conjunto de práticas de si. E o moralismo abjeto do stalinismo não será senão o fim dessa história da revolução...

Podemos identificar no existencialismo, através do cuidado de se estudar, de engajar-se, um prolongamento da cultura grega?

Sim, enfim... É absolutamente verdadeiro que Sartre é um estoico. Se você quiser saber com quem é que Sartre mais se parece, é com um estoico, um estoico com algumas noções de Fichte...

Mas, se você insiste, aquilo em que eu ressaltaria, apesar de tudo, uma enorme diferença, é no fato de que, em Sartre – e sabe Deus se era alguma desconfiança ou resistência à psicanálise –, existe fundamentalmente a ideia de uma autenticidade, e essa autenticidade é, creio eu, muito diferente daquilo que os estoicos entendiam por conformidade à natureza, do que eles poderiam entender por apropriação de si, muito diferente dessa ideia de um si que se constitui como obra de arte. Você tem razão em apontar essa aproximação, mas não dá para tomar essas recorrências como um instrumento crítico. Poderíamos muito bem afirmar que Montaigne foi uma série de reativações de epicuristas, estoicos e céticos. De fato, ele foi isso e outras coisas também. Em Sartre... é muito interessante – eu mesmo não li o que Sartre chegou a publicar sobre a moral, seus escritos sobre a moral,[51] eu não sei o que ele fez. É verdade que, durante toda sua vida, ele tentou escrever isso e nunca chegou a publicá-lo, isto é, nunca foi tão longe. Claro que esse não foi o desafio maior das suas pesquisas: como se pode fazer uma nova moral, qual é a forma de ética...? E parece-me que ele se aproxima bastante dos estoicos. Uma proximidade que foi percebida por ele, mas que, ao mesmo tempo, foi mal percebida, o que o impediu [de ir a fundo].

51 J.-P. Sartre, *Cahiers pour une morale*. Paris: Gallimard, 1983.

LISTA DE ABREVIATURAS

Obras de Michel Foucault citadas

AN *Les anormaux: Cours au Collège de France, 1974–1975*, org. Valerio Marchetti e Antonella Salomoni. Paris: Seuil/ Gallimard, 1999 [ed. bras.: *Os anormais: Curso no Collège de France*, trad. Eduardo Brandão. São Paulo: WMF Martins Fontes, 2010].

AS *L'Archéologie du savoir*. Paris: Gallimard, 1969 [ed. bras.: *A arqueologia do saber*, trad. Luiz Felipe Baeta Neves. Rio de Janeiro: Forense Universitária, 2015].

CV *Le courage de la vérité – Le gouvernement de soi et des autres II: Cours au Collège de France, 1984*, org. Frédéric Gros. Paris: Seuil/Gallimard, 2009 [ed. bras.: *A coragem da verdade: O governo de si e dos outros II – Curso no Collège de France (1983–1984)*, trad. Eduardo Brandão. São Paulo: Martins Fontes, 2011 WMF Martins Fontes, 2011].

DE I *Dits et écrits I, 1954–1975*, org. D. Daniel Defert e François Ewald, com a colaboração de Jacques Lagrange. Paris: Gallimard, 2001 [ed. bras.: *Ditos e Escritos* (coleção em 10 v.); org. Manoel Barros da Motta, trad. Vera Lucia Avellar Ribeiro. Rio de Janeiro: Forense Universitária, 2011].

DE II *Dits et écrits II, 1976–1988*, org. Daniel Defert e François Ewald, com a colaboração de Jacques Lagrange. Paris: Gallimard, 2001 [ed. bras.: *Ditos e Escritos* (coleção em 10 v.); org. Manoel Barros da Motta, trad. Vera Lucia Avellar Ribeiro. Rio de Janeiro: Forense Universitária, 2011].

DS *Il faut défendre la* société, org. M. Bertani e A. Fontana. Paris: Seuil, 1997 [ed. bras.: *Em defesa da sociedade: Curso no Collège de France (1975–1976)*, trad. Maria Ermantina Galvão. São Paulo: Martins Fontes, 2010].

DV *Discours et vérité; précédé de La parrêsia*, org. Henri-Paul Fruchaud e Daniele Lorenzini. Paris: Vrin, 2016 [ed. bras.: *Discurso e verdade: seis conferências dadas por Michel Foucault, em Berkeley, entre outubro e novembro de 1983, sobre a parrhesia*, trad. Aldo Dinucci et al. *Prometeus*, v. 6, n. 13, 2013].

GSA *Le gouvernement de soi et des autres: Cours au Collège de France, 1982-1983*, org. Frédéric Gros. Paris: Seuil/Gallimard, 2008 [ed. bras.: *O governo de si e dos outros: Curso no Collège de France (1982–1983)*, trad. Eduardo Brandão. São Paulo: WMF Martins Fontes, 2010].

GV *Du gouvernement des vivants: Cours au Collège de France, 1979–1980*, org. Michel Senellart. Paris: Seuil/Gallimard, 2012 [ed. bras.: *Do governo dos vivos*, trad. Eduardo Brandão. São Paulo: WMF Martins Fontes, 2014].

HF *Histoire de la folie à l'âge classique*. Paris: Gallimard, 1972 (1ª edição: *Folie et déraison: Histoire de la folie à l'âge classique*. Paris: Plon, 1961) [ed. bras.: *História da loucura: na Idade Clássica*, trad. José Teixeira Coelho Netto. São Paulo: Perspectiva, 2019].

HS *L'herméneutique du sujet: Cours au Collège de France, 1981–1982*, org. Frédéric Gros. Paris: Seuil/Gallimard, 2001 [ed. bras.: *A hermenêutica do sujeito: Curso dado no Collège de France*

(1981–1982), trad. Márcio Alves da Fonseca e Salma Tannus Muchail. São Paulo: WMF Martins Fontes, 2010].

MFDV *Mal faire, dire vrai: Fonction de l'aveu en justice*, org. Fabienne Brion e Bernard E. Harcourt. Louvain-la-Neuve/Chicago: Presses Universitaires de Louvain/ University of Chicago Press, 2012 [ed. bras.: *Malfazer, dizer verdadeiro: Função da confissão em juízo*, trad. Ivone C. Benedetti. São Paulo: WMF Martins Fontes, 2018].

NB *Naissance de la biopolitique*, org. Michel Senellart. Paris: Seuil/Gallimard, 2004 [ed. bras.: *Nascimento da biopolítica: Curso dado no Collège de France (1978–1979)*, trad. Eduardo Brandão. São Paulo: WMF Martins Fontes, 2008.

OD *L'ordre du discours: Leçon inaugurale au Collège de France prononcée le 2 décembre 1970*. Paris: Gallimard, 1971 [ed. bras.: *A ordem do discurso: Aula inaugural no Collège de France, pronunciada em 2 de dezembro de 1970*, trad. Laura Fraga de Almeida Sampaio. São Paulo: Loyola, 2013].

OHS *L'origine de l'herméneutique de soi: Conférences prononcées à Dartmouth College, 1980*, org. Henri-Paul Fruchaud e Daniele Lorenzini. Paris: Vrin, 2013.

PP *Le pouvoir psychiatrique: Cours au Collège de France, 1973–1974*, org. J. Lagrange. Paris: Seuil/Gallimard, 2003 [ed. bras.: *O poder psiquiátrico: Curso dado no Collège de France (1973–1974)*, trad. Eduardo Brandão. São Paulo: Martins Fontes – selo Martins, 2022].

SP *Surveiller et punir: Naissance de la prison*. Paris, Gallimard, 1975 [ed. bras.: *Vigiar e punir: Nascimento da prisão: História da violência nas prisões*, trad. Raquel Ramalhete. Petrópolis: Vozes, 2014].

SPC *La société punitive: Cours au Collège de France 1972-1973*, org. Bernard E. Harcourt. Paris: Seuil/Gallimard, 2013 [ed. bras.: *A sociedade punitiva: Curso dado no Collège de France (1972–1973)*, trad. Ivone C. Benedetti. São Paulo: WMF Martins Fontes, 2018.

SS *Histoire de la sexualité III: Le souci de soi*. Paris: Gallimard, 1984 [ed. bras.: *História da sexualidade 3: O cuidado de si*, trad. Maria Thereza da Costa Albuquerque. São Paulo: Paz e Terra, 2014].

STP *Sécurité, territoire, population: Cours au Collège de France, 1977-1978*, org. Michel Senellart. Paris: Seuil/Gallimard, 2004 [ed. bras.: *Segurança, território, população: Curso dado no Collège de France (1977–1978)*, trad. Eduardo Brandão. São Paulo: Martins Fontes, 2008].

SV *Subjectivité et vérité: Cours au Collège de France, 1980-1981*, org. Frédéric Gros. Paris, Seuil/Gallimard, 2014 [ed. bras.: *Subjetividade e verdade*, trad. Rosemary Costhek Abílio. São Paulo: WMF Martins Fontes, 2016].

UP *Histoire de la sexualité II: L'usage des plaisirs*. Paris: Gallimard, 1984 [ed. bras.: *História da sexualidade 2: O uso dos prazeres*, trad. Maria Thereza da Costa Albuquerque. São Paulo: Paz e Terra, 2020].

VS *Histoire de la sexualité I: La volonté de savoir*. Paris: Gallimard, 1976 [ed. bras.: *História da sexualidade 1: A vontade de saber*, trad. Maria Thereza da Costa Albuquerque e J. A. Guilhon Albuquerque. São Paulo: Paz e Terra, 2020].

Edições brasileiras de outros textos de Michel Foucault citados

"A casa dos loucos" [1975], in *Microfísica do poder*, org. e trad. Roberto Machado. São Paulo: Paz e Terra, 2021.

"A cena da filosofia" [1978], in *Ditos e escritos VII: Arte, epistemologia, filosofia e história da medicina*, trad. Vera Lucia Avellar Ribeiro. Rio de Janeiro: Forense Universitária, 2011.

"A escrita de si" [1983], in *Ditos e escritos V: Ética, sexualidade, política*, trad. Elisa Monteiro e Inês Autran Dourado Barbosa. Rio de Janeiro: Forense Universitária, 2004.

"A ética do cuidado de si como prática da liberdade" [1984], in *Ditos e escritos V: Ética, sexualidade, política*, trad. Elisa Monteiro e Inês Autran Dourado Barbosa. Rio de Janeiro: Forense Universitária, 2004.

"A evolução da noção de 'indivíduo perigoso' na psiquiatria legal do século XIX" [1978], in *Ditos e escritos V: Ética, sexualidade, política*, trad. Elisa Monteiro e Inês Autran Dourado Barbosa. Rio de Janeiro: Forense Universitária, 2004.

"A filosofia analítica da política" [1978], in *Ditos e escritos V: Ética, sexualidade, política*, trad. Elisa Monteiro e Inês Autran Dourado Barbosa. Rio de Janeiro: Forense Universitária, 2004.

"A hermenêutica do sujeito" [1982], in *Ditos e escritos IX: Genealogia da ética, subjetividade e sexualidade*, trad. Abner Chiquieri. Rio de Janeiro: Forense Universitária, 2014.

"A política da saúde no século XVIII" [1976], in *Microfísica do poder*, org. e trad. Roberto Machado. São Paulo: Paz e Terra, 2021.

"A sociedade disciplinar em crise" [1978], in *Ditos e escritos IV: Estratégia, poder-saber*, trad. Vera Lucia Avellar Ribeiro. Rio de Janeiro: Forense Universitária, 2006.

"A tecnologia política dos indivíduos" [1988], in *Ditos e escritos V: Ética, sexualidade, política*, trad. Elisa Monteiro e Inês Autran Dourado Barbosa. Rio de Janeiro: Forense Universitária, 2004.

"A vida: experiência e ciência" [1985], in *Ditos e escritos II: Arqueologia das ciências e história dos sistemas de pensamento*, org. Manoel Barros da Motta, trad. Elisa Monteiro. Rio de Janeiro: Forense Universitária, 2000.

"Armadilhar sua própria cultura" [1972], in *Ditos e escritos VIII: Segurança, penalidade, prisão, trad.* Vera Lucia Avellar Ribeiro Rio de Janeiro: Forense Universitária, 2011.

"As monstruosidades da crítica" [1971], in *Ditos e escritos III: Estética: literatura e pintura, música e cinema*, trad. Inês Autran Dourado Barbosa. Rio de Janeiro: Forense Universitária, 2009.

"As técnicas de si" [1982], in *Ditos e escritos IX: Genealogia da ética, subjetividade e sexualidade*, trad. Abner Chiquieri. Rio de Janeiro: Forense Universitária, 2014.

"Conversa com Michel Foucault" [1978], in *Ditos e escritos VI: Repensar a política*, trad. Ana Lúcia Paranhos Pessoa. Rio de Janeiro: Forense Universitária, 2010.

"Conversa com Werner Schroeter" [1982], in *Ditos e escritos VII: Arte, epistemologia, filosofia e história da medicina*, trad. Vera Lucia Avellar Ribeiro. Rio de Janeiro: Forense Universitária, 2011.

"Cronologia" (Daniel Defert), in *Ditos e escritos I: Problematização do sujeito: psicologia, psiquiatria e psicanálise*, trad. Vera Lucia Avellar Ribeiro. Rio de Janeiro: Forense Universitária, 1999.

"Diálogo sobre o poder" [1978], in *Ditos e escritos IV: Estratégia, poder-saber*, trad. Vera Lucia Avellar Ribeiro. Rio de Janeiro: Forense Universitária, 2006.

"É importante pensar?" [1981], in *Ditos e escritos VI: Repensar a política*, trad. Ana Lúcia Paranhos Pessoa. Rio de Janeiro: Forense Universitária, 2010.

"Entrevista de Michel Foucault" [1984], in *Ditos e escritos I: Problematização do sujeito: psicologia, psiquiatria e psicanálise*, trad. Vera Lucia Avellar Ribeiro. Rio de Janeiro: Forense Universitária, 1999.

"Estruturalismo e pós-estruturalismo" [1983], in *Ditos e escritos II: Arqueologia das ciências e história dos sistemas de pensamento*, org. Manoel Barros da

Motta, trad. Elisa Monteiro. Rio de Janeiro: Forense Universitária, 2000.

"Foucault" [1984], in *Ditos e escritos V: Ética, sexualidade, política*, trad. Elisa Monteiro e Inês Autran Dourado Barbosa. Rio de Janeiro: Forense Universitária, 2004.

"Foucault estuda a razão de Estado" [1979], in *Ditos e escritos IV: Estratégia, poder-saber*, trad. Vera Lucia Avellar Ribeiro. Rio de Janeiro: Forense Universitária, 2006.

"Introdução por Michel Foucault" [1978], in *Ditos e escritos VII: Arte, epistemologia, filosofia e história da medicina*, trad. Vera Lucia Avellar Ribeiro. Rio de Janeiro: Forense Universitária, 2011.

"Mesa-redonda em 20 de maio de 1978" [1980], in *Ditos e escritos IV: Estratégia, poder-saber*, trad. Vera Lucia Avellar Ribeiro. Rio de Janeiro: Forense Universitária, 2006.

"Metodologia para o conhecimento do mundo: como se desembaraçar do marxismo" [1978], in *Ditos e escritos VI: Repensar a política*, trad. Ana Lúcia Paranhos Pessoa. Rio de Janeiro: Forense Universitária, 2010.

"Michel Foucault e Deleuze querem devolver a Nietzsche sua verdadeira cara" [1966], in *Ditos e escritos II: Arqueologia das ciências e história dos sistemas de pensamento*, org. Manoel Barros da Motta, trad. Elisa Monteiro. Rio de Janeiro: Forense Universitária, 2000.

"Michel Foucault explica seu último livro" [1969], in *Ditos e escritos II: Arqueologia das ciências e história dos sistemas de pensamento*, org. Manoel Barros da Motta, trad. Elisa Monteiro. Rio de Janeiro: Forense Universitária, 2000.

"Michel Foucault, uma entrevista: sexo, poder e a política da identidade" [1984], in *Ditos e escritos IX: Genealogia da ética subjetividade e sexualidade*, trad. Abner Chiquieri. Rio de Janeiro: Forense Universitária, 2014.

"Michel Foucault e o zen: uma estada em um templo zen" [1978], in *Ditos e escritos IX: Genealogia da ética, subjetividade e sexualidade*, trad. Abner Chiquieri. Rio de Janeiro: Forense Universitária, 2014.

"Nietzsche, a genealogia e a história" [1971], in *Microfísica do poder*, org. e trad. Roberto Machado. São Paulo: Paz e Terra, 2021.

"O combate da castidade" [1982], in *Ditos e escritos V: Ética, sexualidade, política*, trad. Elisa Monteiro e Inês Autran Dourado Barbosa. Rio de Janeiro: Forense Universitária, 2004.

"O cuidado com a verdade" [1984], in *Ditos e escritos V: Ética, sexualidade, política*, trad. Elisa Monteiro e Inês Autran Dourado Barbosa. Rio de Janeiro: Forense Universitária, 2004.

"O nascimento da medicina social" [1977], in *Microfísica do poder*, org. e trad. Roberto Machado. São Paulo: Paz e Terra, 2021.

"O nascimento de um mundo" [1969], in *Ditos e escritos X: Filosofia, diagnóstico do presente e verdade*, trad. Abner Chiqueri. Rio de Janeiro: Forense Universitária, 2014.

"O Ocidente e a verdade do sexo" [1976], in *Ditos e escritos IX: Genealogia da ética, subjetividade e sexualidade*, trad. Abner Chiquieri. Rio de Janeiro: Forense Universitária, 2014.

"O que é um autor?" [1969], in *Ditos e escritos III: Estética: literatura e pintura, música e cinema*, trad. Inês Autran Dourado Barbosa. Rio de Janeiro: Forense Universitária, 2009.

"O que são as Luzes?" [1984], in *Ditos e escritos II: Arqueologia das ciências e história dos sistemas de pensamento*, org. Manoel Barros da Motta, trad. Elisa Monteiro. Rio de Janeiro: Forense Universitária, 2000.

"O sujeito e o poder" [1982], in *Ditos e escritos IX: Genealogia da ética, subjetividade e sexualidade*, trad. Abner

Chiquieri. Rio de Janeiro: Forense Universitária, 2014.

"Omnes et singulatim: Por uma crítica da 'razão política'" [1979], trad. Heloísa Jahn. *Novos Estudos*, n. 26, mar. 1990.

"Para uma moral do desconforto" [1979], in *Ditos e escritos VI: Repensar a política*, trad. Ana Lúcia Paranhos Pessoa. Rio de Janeiro: Forense Universitária, 2010.

"Polêmica, política e problematizações" [1984], in *Ditos e escritos V: Ética, sexualidade, política*, trad. Elisa Monteiro e Inês Autran Dourado Barbosa. Rio de Janeiro: Forense Universitária, 2004.

"Posfácio de *L'impossible prison*" [1980], in *Ditos e escritos IV: Estratégia, poder-saber*, trad. Vera Lucia Avellar Ribeiro. Rio de Janeiro: Forense Universitária, 2006.

"Prefácio à História da sexualidade" [1984], in *Ditos e escritos IX: Genealogia da ética, subjetividade e sexualidade*, trad. Abner Chiquieri. Rio de Janeiro: Forense Universitária, 2014.

"Sexualidade e poder" [1978], in *Ditos e escritos V: Ética, sexualidade, política*, trad. Elisa Monteiro e Inês Autran Dourado Barbosa. Rio de Janeiro: Forense Universitária, 2004.

"Sexualidade e política" [1978], entrevista a C. Nemoto e M. Watanabe, in *Ditos e escritos V: Ética, sexualidade, política*, trad. Elisa Monteiro e Inês Autran Dourado Barbosa. Rio de Janeiro: Forense Universitária, 2006.

"Sexualidade e solidão" [1981], in *Ditos e escritos V: Ética, sexualidade, política*, trad. Elisa Monteiro e Inês Autran Dourado Barbosa. Rio de Janeiro: Forense Universitária, 2004.

"Sobre a genealogia da ética: Um resumo do trabalho em curso" [1984], in *Ditos e escritos IX: Genealogia da ética, subjetividade e sexualidade*, trad. Abner Chiquieri. Rio de Janeiro: Forense Universitária, 2014.

"Sonhar com seus prazeres: Sobre a 'Onirocrítica' de Artemidoro" [1983], in *Ditos e escritos V: Ética, sexualidade, política*, trad. Elisa Monteiro e Inês Autran Dourado Barbosa. Rio de Janeiro: Forense Universitária, 2004.

"Teorias e instituições penais", in *Resumo dos cursos do Collège de France 1970–1982*, trad. Andréa Daher. Rio de Janeiro: Jorge Zahar, 1997.

"Theatrum philosophicum" [1970], in *Ditos e escritos II: Arqueologia das ciências e história dos sistemas de pensamento*, org. Manoel Barros da Motta, trad. Elisa Monteiro. Rio de Janeiro: Forense Universitária, 2000.

"Uma entrevista de Michel Foucault por Stephen Riggins" [1983], in *Ditos e escritos IX: Genealogia da ética, subjetividade e sexualidade*, trad. Abner Chiquieri. Rio de Janeiro: Forense Universitária, 2014.

"Uma estética da existência" [1984], in *Ditos e escritos V: Ética, sexualidade, política*, trad. Elisa Monteiro e Inês Autran Dourado Barbosa. Rio de Janeiro: Forense Universitária, 2004.

"Verdade e poder" [1977], in *Microfísica do poder*, org. e trad. Roberto Machado. São Paulo: Paz e Terra, 2021.

SOBRE O AUTOR

PAUL-MICHEL FOUCAULT nasceu em 15 de outubro de 1926 em Poitiers, na França. Entre 1946 e 1952, estudou na Escola Normal Superior (ENS) com professores como Jean Hyppolite, Maurice Merleau-Ponty e Louis Althusser, especializando-se em filosofia e psicologia. Em 1948, tentou o suicídio e foi internado no hospital Sainte-Anne, onde, mais tarde, pesquisaria a relação entre pacientes e psiquiatras. Ingressou no Partido Comunista Francês (PCF) em 1950, mas, decepcionado com o stalinismo, desfiliou-se em 1953. De 1951 a 1955, deu aulas na ENS; entre seus alunos estava Jacques Derrida. Em 1952 e 1953, especializou-se em psicopatologia e em psicologia experimental pelo Instituto de Psicologia de Paris e passou a lecionar na Universidade de Lille. Em 1955, a convite de Georges Dumézil, foi chamado a ocupar o cargo de leitor de francês na Universidade de Uppsala, na Suécia. Ali, tornou-se também diretor da Maison de France e dedicou-se à escrita de sua tese, da qual resultaria o livro *História da loucura na idade clássica*, publicado na coleção dirigida por Philippe Ariès. Nos anos seguintes, trabalhou como adido cultural na Polônia e na então Alemanha Ocidental. Obteve o título de doutor em 1961, tendo Hyppolite e Georges Canguilhem como relatores. Em 1962, Foucault tornou-se professor titular na Universidade de Clermont-Ferrand, onde dirigiu o Departamento de Filosofia. Em 1970, foi eleito para a cátedra de História dos Sistemas do Pensamento no Collège de France e, em 1981, tornou-se professor visitante da Universidade da Califórnia em Berkeley, nos Estados Unidos, ganhando notoriedade em ambas as instituições devido a suas conferências sempre lotadas e consagrando-se como intelectual público de renome internacional. Ao longo da vida, Foucault também ocupou postos acadêmicos em uma série de outras universidades na França e no exterior, incluindo a Universidade de Vincennes (atual Paris 8), a Universidade de Túnis e a Universidade de Nova York; e passou períodos extensos conduzindo pesquisas em países como Estados Unidos, Canadá, Itália e Japão. Viajou ao Brasil algumas vezes e, em 1975, acompanhado do então estudante José Castilho Marques Neto, proferiu um discurso em que abdicou de dar aulas na Universidade de São Paulo (USP) por se recusar a permanecer em um país sob uma ditadura militar. Ainda em São Paulo, participou da missa ecumênica em homenagem ao jornalista Vladimir Herzog, assassinado nos porões da ditadura. Foucault faleceu em 25 de junho de 1984, em Paris, em decorrência da aids, enquanto trabalhava no último volume de *História da sexualidade*.

Obras selecionadas

História da loucura [1961], trad. José Teixeira Coelho Netto. São Paulo: Perspectiva, 2019.

O nascimento da clínica [1963], trad. Roberto Machado. Rio de Janeiro: Forense Universitária, 1977.

As palavras e as coisas [1966], trad. Salma Tannus Muchail. São Paulo: Martins Fontes, 2016.

A arqueologia do saber [1969], trad. Luiz Felipe Baeta Neves. Rio de Janeiro: Forense Universitária, 2015.

Cursos no Collège de France [1970–84], 12 v., vários tradutores. São Paulo: WMF Martins Fontes, 2013-19.

Vigiar e punir [1975], trad. Raquel Ramalhete. Petrópolis: Editora Vozes, 2014.

História da sexualidade [1976–84], 4 v., vários tradutores. São Paulo: Paz e Terra, 2020.

Microfísica do poder [1978], trad. Roberto Machado. São Paulo: Paz e Terra, 2021.

Dizer a verdade sobre si [2017], trad. Salma Tannus Muchail. São Paulo: Ubu Editora, 2022.

Loucura, linguagem, literatura [2019], trad. Nélio Schneider. São Paulo: Ubu Editora, 2024.

Dados Internacionais de Catalogação na
Publicação (CIP) de acordo com ISBD
Elaborado por Vagner Rodolfo da Silva – CRB-8/9410

F763d Foucault, Michel [1926–84]
O que é a crítica? / Michel Foucault; organização e estabelecimento de texto de Henri-Paul Fruchaud e Daniele Lorenzini; introdução e notas de Daniele Lorenzini e Arnold I. Davidson; tradução de Claudio Medeiros, Ivan de Sampaio, João Francisco Gabriel, Mario Marino e Rafael Furtado. Título original: *Qu'est-ce que la critique? suivi de La culture de soi.* São Paulo: Ubu Editora, 2025. 192 pp.
ISBN 978 85 7126 208 9

---

1. Filosofia. 2. Crítica. 3. Cultura. 4. Subjetividade. 5. Poder. I. Medeiros, Claudio. II. Sampaio, Ivan de. III. Gabriel, João Francisco. IV. Marino, Mario. V. Furtado, Rafael. VI. Título.

2025-4705 CDD 100 CDU 1

Índice para catálogo sistemático:
1. Filosofia 100 2. Filosofia 1

Qu'est-ce que la critique? suivi de La culture de soi. Edição estabelecida por Henri-Paul Fruchaud e Daniele Lorenzini.

EDIÇÃO Gabriela Ripper Naigeborin
CONSULTOR DE LATIM E GREGO Nélio Schneider
PREPARAÇÃO Lucas Bittencourt Vasconcellos
REVISÃO Karina Okamoto
DESIGN Elaine Ramos
COMPOSIÇÃO Ana Lancman e Julia Paccola
PRODUÇÃO GRÁFICA Marina Ambrasas

EQUIPE UBU
DIREÇÃO Florencia Ferrari
DIREÇÃO DE ARTE Elaine Ramos; Julia Paccola e Ana Lancman (assistentes)
COORDENAÇÃO Isabela Sanches
COORDENAÇÃO DE PRODUÇÃO Livia Campos
EDITORIAL Gabriela Ripper Naigeborin e Maria Fernanda Galdini Chaves
COMERCIAL Luciana Mazolini e Anna Fournier
COMUNICAÇÃO / CIRCUITO UBU Maria Chiaretti, Walmir Lacerda e Seham Furlan
DESIGN DE COMUNICAÇÃO Marco Christini
GESTÃO CIRCUITO UBU / SITE Cinthya Moreira, Vic Freitas e Vivian T.

UBU EDITORA
Largo do Arouche 161 sobreloja 2
01219 011 São Paulo SP
ubueditora.com.br
professor@ubueditora.com.br
/ubueditora

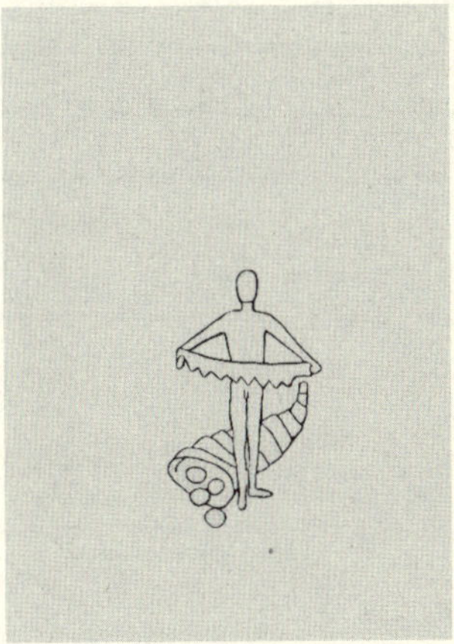

IMAGEM DA CAPA
detalhe reproduzido sem cores
originais da obra
Leonilson (Fortaleza, 1957 – São Paulo, 1993)
PL.2207.0/00
[O porta fortuna]
Tinta acrílica sobre tela
150 × 100 cm

para visualizar a obra com
suas cores originais, visite
lp.ubueditora.com.br/leonilson

FONTES
Proxima Sera, Sud e Nord
PAPEL
Pólen bold 70 g/m²
IMPRESSÃO
Margraf